小学1・2年生で習うのに大人も読めない漢字

構 俊一
kamae shunichi

小学1・2年生で習う漢字こそ、本当の難読漢字！——まえがきに代えて

まずは、次の3つの言葉を読んでみてください。

1　一段落

2　頭立つ

3　天日

正しくは、順に「いちだんらく」、「かしらだつ」、「てんぴ」と読みます。ひょっとして、あなたは「ひとだんらく」、「あたまだつ」、「てんび」などと誤読しなかったでしょうか。

右の3語でカギとなる「一」、「頭」、「日」は、いずれも「小学1・2年生で習う漢字」です。

それらが、決して侮れない漢字だということは、これらの例でも、おわかりのことと思います。

じつは、誤読の多くは、小学校低学年で習う漢字で発生します。

以前、某テレビ局のアナウンサーが「創業家」を「そうぎょうか」と読んだことがありますが（正しくは「そうぎょうけ」）、これも「創業」は正しく読んでいるのに、「家」という小学校2年で習う漢字でつまずいたケースです。

私自身、新聞記者や編集者として、30年以上も活字の世界で過ごすなか、さまざまな間違いをしてきました。

駆け出しの頃には、「増刷出来」を「ぞうさつ・でき」（正しくは「しゅったい」）と読んで笑われたり、今もうっかりすると、「大勝負」を「だいしょうぶ」、「西域」を「せいいき」と読んだりしそうになります。これらも小学校1、2年で習う漢字がカギを握る言葉です。

なぜ、小学校低学年で習う漢字が、かくも厄介なのか――それは、音読みにも訓読みにも、複数の読み方があるからです。

たとえば、「上」。この1年生（しかも、おおむね1学期）で習う漢字には、ポピュラーな音読み、訓読みだけで、「じょう」「しょう」、「うえ」「かみ」の4通りもあり、言葉によって読み分ける必要があります。「上の句」を「うえのく」、「上人」を「じょうにん」などと読んだりすると、とんだ赤恥をかくことになりかねません。

一般的に「難読漢字」というと、画数の多い漢字を指すものですが、それらは確かに書くのは面倒ですが、「読み」に関しては案外簡単にマスターできます。ポピュラーな読み方は、音読み・訓読み一つずつということが多いからです。

だから、世の中に「読めるんだけど、書けないんだよね」という人が多くなるのは、しごく当然のこと。〝難書漢字〟かならずしも、難読漢字ではないというわけです。

ここに、はっきり申し上げておきます。

「本当に〝読む〟のが難しいのは、小学1・2年生で習う漢字」だと。

じっさい、小学校1年で習う80字のうち、村、林、森、学、校の5字を除く75文字には、複数の音読み、訓読みが存在します。それらこそ、本当の意味の〝難読漢字〟なのです。

もちろん、小学校では、それらの読み方をすべて習うわけではありません。たとえば、「京」は小学校2年で「きょう」という読み方を習いますが、「けい」という読み方を習うのは、中学校に上がってからのことです。

しかし、大人社会では、そんな区別に意味はありません。「京師」を「きょうし」と読んだりすると、相当みっともないことになることでしょう。そこで、この本では、小学校で習う読み方以外でも、「大人に必要な読み方」はすべて扱いました。

繰り返しになりますが、小学校1年で習う80字、小学校2年で習う160字こそが、こと読みに関しては、最大の強敵です。「大地震」は「だいじしん」ではなく、「思いの外」は「おもいのそと」ではないのです。

というわけで、この本には、「小学1・2年生で習うのに読めない漢字」を満載しました。あなたの「本当の難読漢字」を読む力を総ざらいしていただければ幸いに思います。

構　俊一

小学1・2年生で習うのに
大人も読めない漢字

目次

装幀 石川直美（カメガイ デザイン オフィス）

DTP 美創

1章

上下、大中小——ピカピカの1年生で習うのに、読めない漢字

まずは、「上」を読み分けてください。「うえ」、「じょう」と読むとは限らないところが、小1漢字の怖さです。

上人

【しょうにん】 僧侶などの尊称。「ご上人様」など。なお、「上」は「じょう」と読むのが呉音で、「しょう」が漢音。

上一人

【かみいちにん】 天皇のこと。「かみいちじん」とも読むが、「うえひとり」とは読まないように。「上御《かみご》一人《いちにん》」という言葉もある。

上ル

【あがる】 京都で、北のほうへ行くこと。一方、「下《さが》ル」は、南のほうへ行くこと。ともに、送り仮名をカタカナで書くところがポイント。「のぼる」、「くだる」などと誤読すると、〝おのぼりさん〟丸出しになる。

上屋敷

【かみやしき】 大名が江戸に設け、ふだんの住まいとした屋敷。他に、上《かみ》期《き》、上方《かみがた》、上下《かみしも》、上《かみ》の句《く》は「かみ」と読む。

上座

【かみざ】上位の人がつく席。「上座に座る」など。反対語は「下座《しもざ》」。辞書には「じょうざ」、「げざ」という読み方も載っているが、現在の日本の大人社会では一般的ではないので、そう読むと、間違いと思われることもありうる。

上四方固め

【かみしほうがため】柔道の寝技のひとつ。×うえ。

上り月

【のぼりづき】新月から満月にかけて、丸く満ちていく間の月。月の満ち欠けを基準とした陰暦では、一か月の前半がこの時期に当たった。

上々

【じょうじょう】最も上等であること。たとえば、「上々吉《じょうじょうきち》」は最上の吉で、最も縁起がよいこと。他に「気分上々」、「上々の出来」などと使う。

上宿

【じょうやど】上等、高級な宿。なお、「定宿」、「常宿」（ともに、いつも泊まる宿）も、「じょうやど」と重箱読みにするが、意味の違う言葉。

上布

【じょうふ】上等の麻糸で織った布のことで、夏物に用いる。越後上布、近江《おうみ》上布、薩摩《さつま》上布などが有名。

上首尾

【じょうしゅび】 物事がうまく運んでいるさま。よい結果に終わること。「万事、上首尾に終わる」など。

上総

【かずさ】 旧国名のひとつで、現在の千葉県の中央部。また、「上野《こうずけ》」は今の群馬県の旧国名で、人名にもよく登場する。「吉《き》良《ら》上野介《こうずけのすけ》」など。

続いて「下」です。正しく読み分けてください。

下期

【しもき】「下記」や「夏期」につられて、「かき」と読まないように。「下期の決算」は「しもきのけっさん」と読む。反対語の「上期」は「かみき」。

下情

【かじょう】 しもじもの事情。民衆生活の様子。「下情に通じる」など。

下々

下編

下戸

下司

下職

下図

【しもじも、げげ】「しもじも」は、一般庶民、身分の低い者。まれに「げげ」と読むこともあり、前出の「上々」の対義語で、いちばん下のこと。「下々の国」など。なお、「下」を「か」と読むのは漢音で、「げ」は呉音。

【げへん】書物の「上編」の対義語。下巻を「げかん」と読むように、「げへん」と読む。

【げこ】酒を飲めない人のこと。ことわざの「下戸の建てたる家はなし」など。なお、飲める人は「上戸《じょうご》」。

【げす】卑しい輩《やから》。「下種」、「下衆」とも書く。「下司な野郎」など。

【したしょく、したじょく】親方の下にあって、仕事を手伝う者。「デザイナーの下職をしています」のように使う。

【したず、かず】「したず」と読むと、「下書きの図」という意味。一方、「かず」と読むと、「下に示した図」と意味が変わる。「下図《したず》を作る」、「下《か》図《ず》参照」などと読み分ける。

下世話

お下がり

書き下し文

几下

【げせわ】 世間で、人々がよく口にする話題のこと。「下世話な話で恐縮ですが」など。庶民が好むような話を意味し、下ネタという意味ではないので注意。

【おさがり】 兄姉などの使い古しの品。「兄のお下がりのかばん」など。もとは、神棚や仏壇への供え物を取り下げたもののこと。

【かきくだしぶん】 漢文に送り仮名をつけ、日本語のようにした文章。一方、「書き下ろし」と送り仮名を一字増やすと、「かきおろし」と読む。こちらは「書き下ろし小説」などと使う。

【きか】 手紙で、宛て名に添えて書く言葉。相手への敬意を表して、「○○先生几下」のように用いる。

「大」を正しく読み分けてください。「だい」と読むか、「おお」と読むか、そこが一番のポイントです。

大地震

大桟橋

大正月

大所帯

大一座

大歌舞伎

【おおじしん】NHKなどの放送局では、「だいじしん」ではなく、「おおじしん」と読んでいる。他にも、「大＋熟語」式の三字熟語が数多くあるが、「おお」と読む言葉が比較的多い。

【おおさんばし】　普通名詞としては、大きな船着場という意味だが、横浜港のそれを指すことが多い。なお、固有名詞としては、横浜港の場合は、「大さん橋」と書く。

【おおしょうがつ】元旦から7日までの松の内のこと。一方、「小正月《こしょうがつ》」は、正月15日、あるいは14～16日を指す。

【おおじょたい】同じ家で、暮らす人が多いこと。「大所帯を構える」、「大所帯の家」など。なお、「大世帯」も同じように読む。

【おおいちざ】規模の大きい一座。比喩的に、大きな組織、チームという意味にも使う。「新規のプロジェクト開始にあたって、大一座を構える」など。

【おおかぶき】「新春大歌舞伎」など。**×だいかぶき。**

大師匠
大人国
大南北
大兄
大字
大店

【おおししょう】 師匠の師匠のこと。**×だいししょう。**

【たいじんこく】『ガリバー旅行記』などに登場する巨人の国のこと。

【おおなんぼく】『東海道四谷怪談』などを著した四世の鶴屋南北のこと。このように、同名の人が複数いる際、大きな業績を残した人の名に「大」の字をつけて区別することがある。「大西郷」は弟の従道《つぐみち》らに対して、西郷隆盛のこと。「大デュマ」は、子供の「小デュマ」に対して、アレクサンドル・デュマのこと。

【たいけい、おおえ】「たいけい」と読むと、年上・同輩の男性に対する尊称。一方、「おおえ」と読むと、皇子のことで、「中大兄皇子」など。

【だいじ、おおあざ】「だいじ」は、一、二、三の代わりに書く、壱、弐、参など。「おおあざ」と読むと、町村内の区画の名。「大字《おおあざ》小《こ》字《あざ》」など。

【おおだな】 大きな店。「大店の主人」、「大店を構える」など。**×おおみせ。**

大部

大首絵

（吉原の）大門

大年

大大的

大立ち回り

大の月

【たいぶ】書物が分厚いこと。「大部の本」など。なお、副詞の「だいぶ」は、漢字では「大分」と書く。

【おおくびえ】浮世絵の人物画のうち、上半身、とりわけ顔を大きく描いた絵。「写楽の大首絵」など。

【おおもん】遊廓の門は「おおもん」、寺の門は「だいもん」と読む。たとえば、都営地下鉄の大門《だいもん》駅は、増上寺の大門のあった場所に近いことから、こう命名された。

【おおとし、おおどし】大晦日《おおみそか》、あるいは大晦日の夜のこと。

【だいだいてき】物事を大がかりにするさま。「大大的に報道する」など。

【おおたちまわり】もとは歌舞伎などで、大勢が激しく争う演出。そこから、派手に喧嘩《けんか》すること。「いい年して、大立ち回りを演じる」など。

【だいのつき】31日まである月。対義語は「小《しょう》の月」。

大寒
大仰
大様
大冊

【だいかん】二十四節気のひとつ。例年1月20日頃で、寒さが最も厳しい時期。なお、小寒《しょうかん》は1月5日頃。**×たいかん。**

【おおぎょう】おおげさなこと。「大仰な振る舞い」など。

【おおよう】小さなことにこだわらないこと。「大様に構える」など。なお、同じ意味の「鷹揚」は「おうよう」と読む。

【たいさつ】ページ数の多い本。あるいは、サイズの大きな本。

中座

「なか」か「ちゅう」か、「中」を読み分けてください。

【ちゅうざ、なかざ】「ちゅうざ」は、途中で席をはずすこと。「なかざ」は、大阪の道頓堀に江戸時代からあった劇場名。「やがて、中座の花となる」など。また、「ちゅうざ」と同様の意味に使うこともある。

中食

中厚

中人

中限

中腰

中山道

最中

【なかしょく、ちゅうじき】「なかしょく」は近年、使われている湯桶《ゆとう》読みの言葉。「外食」に対して、市販の弁当や惣菜を買ってきて、自宅で食べることを意味する。「中食産業」など。一方、「ちゅうじき」は昼飯のこと。

【ちゅうあつ】中程度の分厚さ。重箱読みにする。**×なかあつ。**

【ちゅうにん】入場料などで、大人と小人（子供）の間の年齢層。具体的には、中学生あたりを指すことが多い。「中人料金」など。

【なかぎり】先物取引の用語。他に、当限は「とうぎり」、先限は「さきぎり」と読む。

【ちゅうごし】腰を半分かがめた姿勢。重箱読みにする。

【なかせんどう】昔の五街道のひとつ。古くは「中仙道」とも書いたが、1716年、江戸幕府が「中山道」に表記を統一した。

【さなか、さいちゅう、もなか】「さなか」「さいちゅう」は、ただなか、という意味。「もなか」は和菓子の名。「戦いの最中」、「真っ最中」、「手《て》土産《みやげ》の最中」などと読み分ける。

中入
【なかいり】相撲などの興行で、中途でしばらく休憩すること。

中奥
【なかおく】江戸城の本丸の一部で、将軍が住んでいた場所。

中紅
【なかくれない】濃淡が中間くらいの紅色。

中昔
【なかむかし】あまり古くない昔。あるいは、中世のこと。

続いて「小」です。正しく読み分けてください。

小路
【こうじ】「こみち」が音変化した語で、狭い道のこと。「狸《たぬき》小路」、「錦《にしき》小路」、「広《ひろ》小路」などと使う。対義語は「大路《おおじ》」。

小体
【こてい】つつましく、まとまっていること。「小体な店を構える」など。

小父

小兵

小童

小柄

小波

小悪魔

【おじ】（血のつながっていない）中年の男性。肉親の場合は「伯父」（父母の兄）、「叔父」（父母の弟）と書き分ける。

【こひょう】体が小さい人。「小兵力士」など。対義語は「大兵《だいひょう》」で、「大兵肥満」などと使う。

【こわっぱ】「こわらわ」が音変化した語で、子供や未熟な者を罵っていう言葉。「黙れ、小童！」など。

【こがら、こづか】「こがら」と読むと、体が小さい人のことで、「小柄な女性」など。一方、「こづか」は小刀のことで、「小柄の名人」などと用いる。

【さざなみ、こなみ】どちらの読み方でも、小さな波のこと。なお、「さざなみ」は「細波」、「漣」とも書く。

【こあくま】不思議な魅力があり、男性をとりこにする女性。「小悪魔的な魅力がある」、「小悪魔のような少女」などと使う。

小倉織

【こくらおり】「小倉」は、「こくら」と「おぐら」の読み分けが厄介な漢字。「小倉織」は、北九州・小倉地方産の織物。「小倉餡《おぐらあん》」は、アンコの一種。『小倉《おぐら》百人一首』は、藤原定家撰の歌集。

小夜曲

【さよきょく】セレナーデのこと。なお、「小夜時雨《しぐれ》」は夜に降る通り雨。

小作

【こさく】地主から土地を借りて、田畑をつくること。「小作人」など。

「東」「西」「南」「北」を正しく読めますか?

東風

【こち】単なる東からの風ではなく、東から吹いてくる温かい春風。太宰府に流された菅原道真が、「東風吹かば匂ひおこせよ梅の花」と詠んだのも、この風。太宰府から見れば東にある都からの春風に乗せて、匂いを寄越しておくれという意。

東雲

東宮

東司

坂東

西瓜

【しののめ】東の空がわずかに明るくなる時間帯。明け方のこと。明かり取り用の篠竹の編み目が「篠の目」と呼ばれ、その隙間から朝の光が差し込むことから、夜明けを意味するようになり、「東雲」という漢字を当てたとみられる。

【とうぐう】皇太子のこと。昔は、皇太子の宮殿が皇居の「東」にあったことから、こう書くという説がある。

【とうす】寺院の便所。なお「雪隠《せっちん》」も同様の意。

【ばんどう】関東地方の古い呼び方。碓井《うすい》峠、足柄峠の「坂《さか》よりも東」という意味で、「坂東武者」、「坂東太郎」などと使う。対義語の「坂西」は「ばんせい」とも「ばんさい」とも読むが、ほぼ死語。

【すいか】果物の名前。西域から伝わったため、こう書く。「西」を「すい」と読むのは、比較的新しい唐音。

西国
西域
西京
西遊記
西表島

【さいごく】古くは、関西より西の国を指したが、後に意味が広がり、西洋の国々も意味するようになった。文明開化期によく読まれた『西国《さいごく》立志編』の「西国」は、むろん関西地方ではなく、ヨーロッパ諸国を表している。

【さいいき】中国から見て、西の地域。「西域諸国」など。ほかに、「西《さい》下《か》」、「西海《さいかい》」も、「さい」と読む。

【さいきょう】「西の京」という意味で、東京に対して、京都のこと。今は、この語を単独で使うことは少なく、もっぱら食品名に使われている。「西京味噌」は京都産の白味噌。「西京漬《づけ》」は西京味噌に漬けた魚の切り身。「西京焼き」はそれを焼いたもの、という具合。

【さいゆうき】孫悟空が登場する物語。なお、ヨーロッパに旅行する場合は、同じ「西遊」でも「せいゆう」と読む。

【いりおもてじま】八重山諸島の島。沖縄地方で「西」をイリと読むのは、日が〝入る〟方角だから。「東」はアガリと読む。

西班牙

南瓜

南風

南殿

南無

北枕

【スペイン】 昔は「スペイン」をこう書いた。アメリカとスペインの戦争を「米西戦争」と呼ぶのは、スペインをこう書いたため。

【かぼちゃ】 煮物などにする野菜。「南瓜の煮物」など。

【はえ】 南から吹く風。おもに、おだやかな順風を指す。とりわけ、海上では、逆風には使わない。

【なでん】 紫《し》宸殿《しんでん》（平安京内裏の正殿）の別称。「南殿の桜」は、「左近の桜」と同じ意味で、紫宸殿の南側に植えられた桜のこと。

【なむ】 仏を拝むときに唱える言葉。梵語のｎａｍａｓを音写した語で、「南無阿弥陀仏」など。また、「南無三《なむさん》」は、南無三宝（仏、法、僧の三宝に帰依すること）の略。後に、失敗したときなどに、「しまった」という意で使う言葉になった。

【きたまくら】 頭を北に向けて寝ること。死者を北枕で寝かせるため、縁起が悪いとされる。

北氷洋

【ほっぴょうよう】北極の周辺海域。今は正式には「北極海」と呼び、放送局などでは使わない言葉になっている。

「天」と「地」を正しく読み分けてください。まずは「天」から。

天日

【てんぴ】「日」を「ぴ」と読み、太陽の光、あるいは太陽の熱のこと。「天日で干す」など。「天日《てんぴ》塩《じお》」は、天日で干した塩のこと。

天火

【てんぴ】こちらも「ぴ」と読み、オーブンのこと。

天の下

【あめのした】天下、全世界、日本国中。「天の下に名を知らしめる」など。「あまのした」は×。なお、「天が下」は「あめがした」と読み、同じ意味。

天地

【てんち】「あめつち」と読むこともあり、「てんち」と同様、全世界のこと。

天翔る

天つ神

天つ乙女

天草

天地人

天牛

天長

【あまがける】大空をかけめぐること。**×てんかける。**

【あまつかみ】高天原《たかまがはら》の神。対義語は「国つ神」で、日本土着の神。

【あまつおとめ】天女のこと。この「つ」は格助詞で、「天つ」は「天の」という意味。「天つ乙女のように美しい」など。

【てんぐさ、あまくさ】「てんぐさ」と読むと、寒天の材料になる海藻の一種。一方、「あまくさ」は熊本県の地名。この地名は「あまぐさ」と濁らないことに注意。

【てんちじん】「天と地と人」のことであり、宇宙の万物を意味する。また、句会などで、優劣によって3つに区分するときにも使う。「本日の天の句は～」など。

【かみきりむし】昆虫の一種。「髪切虫」とも書く。「嚙切虫」は×。

【てんちょう】天が変わらないさま。対義語の「地久」（地が変わらないさま）と組み合わせて、「天長地久」という形で使う。

天晴れ

【あっぱれ】「あはれ」が促音（小さな「っ」で表すつまる音）化した語に、当て字した言葉。ほめたたえるときに使い、「見事だ！」という意味。「適」という漢字一字でも「あっぱれ」と読む。

天狼星

【てんろうせい】大犬座の首星、シリウスの漢名。

「天」に続いて、「地」を正しく読み分けてください。

地味

【じみ、ちみ】「地」は、「じ」（呉音）と「ち」（漢音）の読み分けが難しい漢字。「地味」は「じみ」と読むと、目立たないさまで「地味な性格」など。「ちみ（ぢみ）」と読むと、土地のよしあしのことで、「地味がよい」、「地味が肥えている」のように使う。

地雨

【じあめ】これは重箱読みにし、一定の強さで、長く降り続く雨のこと。なお、「じう」と読むのは「慈雨」で、「干天の慈雨」など。また、「じう」と誤読されがちな「時雨」は「しぐれ」と読む。

地目

地下

地力

地合

地金

地団駄

【ちもく】土地の用途を表す名称。田、畑、宅地、山林などの分類がある。

【ちか、じげ】「ちか」は、地面の下。「じげ」と読むと、昔の官制で昇殿を許されない身分のこと。そこから、単に身分が低いことを意味し、庶民、民衆のこと。

【ちりょく、じりき】「ちりょく」は、土壌がもつ農作物を育てる力。「畑の地力を高める」など。一方、「じりき」は実力という意味で、「地力を発揮する」など。

【じあい】取引相場の状態を表す言葉。相場環境。「今は地合が悪すぎるので、うかつに手を出さないほうがいい」など。

【じがね】メッキの下の金属。「地金が出る」など。他に、地盤、地色、地謡、生地、下地などは、呉音で「じ」と読む。

【じだんだ】地面を何度も踏みつける動作。「地団駄を踏んで悔しがる」など。

地方文書

地霊

地熱発電

依怙地

【じかたもんじょ】 ×ちほうもんじょ。「地《じ》方《かた》」は、江戸時代、町方に対して村方を意味した語で、「地方文書」は代官所などがその業務に関係して作成した史料。なお、「文書」は、一般的な書類の場合は「ぶんしょ」、史料は「もんじょ」と読む。「死海文書《もんじょ》」など。

【ちれい】 大地に宿るとされる霊的な存在。「地霊信仰」。**×じれい、×ちりょう。**

【じねつはつでん、ちねつはつでん】 近年では、一般には「ちねつはつでん」と読まれることが多いが、辞書は「じねつはつでん」を見出し語にしていることが多い。

【いこじ】 意地を張ること。「意固地」とも書く。意地、意気地も、「地」を「じ」と読む。

「色」を表す漢字をまとめました。「小1難読漢字」の代表格「白」から、読み分けてください。

白蓮

白檀

黒白

白子

白州

白妙

白和え

【びゃくれん】 もとは、白い蓮《はす》の花のこと。そこから、清らかで、けがれのないことのたとえ。

【びゃくだん】 高級材になる樹木。香料として利用されるほか、木像にも使われる。「栴檀《せんだん》は双葉より芳し」の栴檀は、この白檀のこと。

【こくびゃく】 黒と白。比喩的に、善と悪、正と邪という意味で使われる。「黒白をつける」、「黒白を争う」、「黒白を弁ぜず（区別がつかないという意）」のように使う。

【しらこ、しらす】 「しらこ」は魚の精巣のことで、「タラの白子」など。一方、「しらす」と読むと、白子干しにするカタクチイワシなどの稚魚。

【しらす】 これも「しらす」と読むが、意味は「白子」と違って、庭先などに白砂を敷いたところ。「御《お》白州《しらす》」と「御」がつくと、江戸時代、奉行所などで罪人を調べた場所。「御白州で、裁きを受ける」など。

【しろたえ】 白い色のこと。「白妙の」は雪、雲、衣、袖などにかかる枕詞。

【しらあえ】 豆腐、白ゴマ、こんにゃくなどの和え物。

白梅

白地

白魔

白面

関白

白粉

科白

【しらうめ】「はくばい」とも読むが、「しろうめ」は×。

【しろじ、あからさま】「しろじ」だけでなく、これで「あからさま」とも読む。後者の意味は、隠さずに。「敵意を白地にする」など。

【はくま】大雪、吹雪《ふぶき》のこと。大きな被害をもたらす雪を白い魔物にたとえた言葉。**×びゃくま**。

【はくめん】色白の顔。「白面の貴公子」など。

【かんぱく】天皇を補佐する重職。今は「亭主関白」という形で使うことが多い。他にも、「白」は熟語の下につくと、「ぱく」と読むことが多く、建白、純白、淡白、蛋白《たんぱく》、腕白、卵白は「ぱく」と読む。

【おしろい】肌に塗る化粧品。この二字で「おしろい」と読むので、「お白粉」と書く必要はない。「白粉臭い」、「白粉焼け」など。

【せりふ】俳優が芝居で話す言葉。中国では、「科」は役者のしぐさ、「白」は言葉を意味する。「科白回し」、「気のきいた科白」などと使う。

三盆白

【さんぼんじろ】白砂糖の高級品。「和三盆《わさんぼん》」のこと。

白南風

【しろはえ】南風のうち、梅雨が明ける頃に吹く風。一方、「黒南風《くろはえ》」は、梅雨の初めに吹く南風。ともに、夏の季語。

灰白色

【かいはくしょく】白っぽい灰色。「灰」の音読みは「かい」。**×はいはくしょく。**

「黄」は意外な難物。「おう」と「こう」の読み分けに注意して、読んでください。

黄玉

【おうぎょく】トパーズのこと。なお、「こうぎょく」と読むのは「紅玉」で、ルビーのこと。

黄白

【こうはく】黄と白。そこから、金と銀、あるいは金銭を意味する。

黄昏

黄土

黄泉

黄粉

黄菊

黄楊

黄八丈

【たそがれ】 夕方のこと。薄暗くなり、「誰《た》そ彼」と人の見分けがつきにくい時分という意味。比喩的に衰退期を意味し、「人生の黄昏」、「西洋の黄昏」などと用いる。

【おうど、こうど】 「黄土色」というように、「おうど」と読むのが一般的。「こうど」と読んでも間違いではない。

【よみ】 あの世、冥土《めいど》。黄泉の国のこと。「よみ」は「闇」、あるいは「山」が転訛《てんか》した語といわれる。

【きなこ】 大豆の粉。文字通り、黄色い粉であることから、こう書く。

【きぎく】 黄色い菊。「きく」は和名のように聞こえるが、じつは音読み。そのため、「黄菊」や「白菊」は湯桶読みしていることになる。

【つげ】 常緑の低木。材が硬く、将棋の駒や櫛《くし》をつくる。「黄楊の駒」、「黄楊の櫛」など。

【きはちじょう】 八丈島特産の絹織物。黄色の地に縞《しま》模様が特徴。

「青」を正しく読み分けてください。

群青

緑青

青嵐

青梅雨

青票

真っ青

【ぐんじょう】 鮮やかな青色。一方、「紺青《こんじょう》」は鮮やかな藍色。

【ろくしょう】 銅に生じる緑色のサビ。「銅屋根に緑青がふく」など。

【あおあらし】 5～7月頃、青葉の季節に吹く強風。「せいらん」とも読む。「風青し」という季語もある。

【あおつゆ】 青々とした新緑に降りそそぐ雨。

【せいひょう】 国会で、反対票を投じるときに使う板。一方、「白票《はくひょう》」は賛成票。「あおひょう」や「しろひょう」と読まないように。

【まっさお】 完全に青いさま。「顔が真っ青になる」など。

青梅

【あおうめ、おうめ】「あおうめ」と読むと、熟していない梅。「おうめ」は、東京都多摩地方の地名。

「赤」を読み分けてください。

赤光

【しゃっこう】夕日の光。あかあかと輝く光。斎藤茂吉の歌集『赤光』も、「しゃっこう」と読む。

赤口

【しゃっこう】こちらの「しゃっこう」は、大安、仏滅などとともに、六曜のひとつ。正午だけ吉とされる日。

赤銅色

【しゃくどういろ】黒みを帯びた赤。「赤銅色の肌」など。「赤銅」は、銅に少量の金・銀を加えた日本独特の合金。

赤楽

【あからく】楽焼《らくやき》の一種で、赤っぽい茶碗の総称。一方、黒一色のものは「黒楽《くろらく》」と呼ぶ。

赤子

赤裸々

赤富士

【あかご、せきし】「あかご」は、生まれてまもない赤ん坊のこと。一方、「せきし」は人民のことで、戦前は「天皇の赤子」という形でよく使われた言葉。

【せきらら】包み隠さないことで、「赤裸々な告白」、「赤裸々に語る」などと使う。一方、裸をひとつ減らした「赤裸」は、「あかはだか」とも「せきら」とも読み、真っ裸であること。

【あかふじ】富士山の山肌が赤く染まる現象。7～8月頃の夜明け、朝日が霧によって分光することによって起きる。葛飾北斎が『富嶽三十六景』の一枚で描いた富士。

「黒」を正しく読み分けてください。

黒房

【くろぶさ】大相撲の土俵上の吊り屋根から垂らす黒色の房。他に、青房、赤房、白房を垂らす。

黒社会

【くろしゃかい】中国系のマフィアややくざの世界。今は、日本の裏社会に関しても使うようになってきている。

黒歴史

【くろれきし】この〝準新語〟も、「くろ」と読む。人物や物事の過去の恥ずかしい経歴や歴史を指す。機動戦士ガンダムシリーズで、悲惨な戦争の歴史をこう呼ぶことに由来し、そこから広まった言葉。

黒北風

【くろぎた】3月頃に吹き荒れる北西からの冷たい風。なお、「春一番」は春の訪れを感じさせる風で、「黒北風」は同時期に吹く風でも、春はまだまだという風。

「茶」を正しく読み分けてください。

茶道

【ちゃどう、さどう】どちらの読み方でもOKだが、今は「ちゃどう」と読むことが増え、辞書も「ちゃどう」を見出し語にしていることが多い。茶の湯のこと。

茶寮

【さりょう】もとは、茶室がある小さな建物のこと。今は、日本料理店名によく使われる言葉。「下鴨茶寮」など。

茶懐石

【ちゃかいせき】茶会で振る舞われる料理。簡略な懐石料理。

茶菓

【さか、ちゃか】お茶と菓子のこと。「茶菓を提供する」など。

小林一茶

【こばやしいっさ】「茶」が後ろについて「さ」と読む言葉は、この俳人の名前と「喫茶《きつさ》」（茶を飲むこと）くらい。

続いて「内」と「外」。まずは「内」から読み分けてください。

内々

【うちうち、ないない】どちらの読み方でも、表ではないさま。この語に続く言葉が和語の場合は「うちうち」、漢語の場合は「ないない」と読むと、しっくりくる。「内々《うちうち》に済ませる」、「内々《ないない》に処理する」のように。

内相

【ないしょう】内務大臣の略。×ないそう。外相、蔵相など他の語も、大臣を意味する「相」は「しょう」と読む。

内奥

【ないおう】内部の奥深いところ。「おう」は「奥」の音読み。

内親王

【ないしんのう】現在の皇室典範では、天皇の皇女、あるいは女子の皇孫を指す。×ないしんおう。

内内陣

【ないないじん】神社本殿の最も奥の間。おおむね、御神体が置かれているところ。

内無双

【うちむそう】相撲の決まり手のひとつ。「外《そと》無双」という決まり手もある。

続いて「外」です。「げ」と読んだり、「ほか」と読んだり、「内」以上の難物です。

外道

外題

外れる

思いの外

外断熱

【げどう】もとは、仏教以外の教えのこと。今は、人を罵る言葉として使われ、「この外道が！」など。なお、「げ」と読むのは呉音で、「がい」は漢音。

【げだい】もとは、本の表紙（外）に記した題名。今は、おもに歌舞伎の題名を意味することが多い。なお、「外科」、「外宮《げくう》」も「げ」と読む。

【はずれる】「外」は、訓読みも多い言葉で、おもな読み方は「そと」「と」「ほか」「はずれる」の4つ。「外れる」は正規の位置からずれることで、「狙いが外れる」、「当てが外れる」、「顎が外れる」などと使う。

【おもいのほか】思ったとおりではなく、という意。「不慮の外《ほか》」も同じ意味。「不」と「外」の両方を使うと、二重否定になりそうだが、この場合は強調の意味がある。他に、「以《もっ》ての外」は、とんでもないという意味。

【そとだんねつ】これは「そと」と読み、外壁や屋根など、建物の「外側」のもので断熱する方法。一方、「内断熱《うちだんねつ》」は、建物の内部に断熱材を使用する方法。

外様
外法
外為

【とざま】 譜代の家臣以外の者のこと。「外様大名」など。現代では、組織内で傍系の人に対して使われる。「しょせん、彼は外様だからね」など。

【そとのり、げほう】 「そとのり」は、物の外側を計った寸法。「げほう」と読むと、仏教以外の思想や宗教という、かけ離れた意味になる。

【がいため】 「外国為替《かわせ》」を略した言葉。「東京外為市場」など。

「女」と「男」です。まずは「女」から正しく読み分けてください。

女御
女護が島

【にょうご】 天皇に仕える女官《にょかん》。「女」は、漢音では「じょ」、呉音では「にょ」と読み、「にょう」はその慣用読み。×にょご。

【にょごがしま】 こちらは「にょご」と読む。女だけが住むという島のこと。×にょうごがしま。

女波

【めなみ】低く弱い波。一方、「男波《おなみ》」は高く強い波。

山女

【やまめ】渓流にすむ魚。サクラマスと同じ魚で、サクラマスは海に出て大きくなる種類、ヤマメは陸封された小型の種類。「山女魚」とも書く。

早乙女

【さおとめ】もとは、田植えをする女。そこから、乙女全般を意味するようになった。「五月女」とも書く。

大原女

【おはらめ】×おおはらめ。京都郊外の大原から、京都市中に物を売りに来る女。木工品などを頭にのせてやってくる。ほか、采女《うねめ》、醜女《しこめ》などの古い言葉には、後ろにつく「女」を「め」と読む語が多い。

続いて「男」。「女」に比べれば、はるかに簡単です。

一男

【いちなん】一人の息子。「一男一女に恵まれる」など。×いちだん。下《げ》男《なん》、美男、長男、次男も「なん」と読む。

善男善女
東男
間男
作男
年男

【ぜんなんぜんにょ】 今は「普通の市民」というような意味で使われているが、もとは仏法に帰依した在家の男女のこと。

【あずまおとこ】 東国の男性。「東男に京女」は、男女の取り合わせとして、江戸の男と京都の女性がよい、という意味。

【まおとこ】 夫のある女性と密通する男。または、その行為。

【さくおとこ】 地主に雇われて、耕作をする男。

【としおとこ】 その年が自分の干支《えと》に当たる男。「歳男」とも書く。

2章

多数の誤読者を生んできた1・2年の難読漢字

一見、簡単なのに、アナウンサーも誤読する漢字です。読んでください。

一段落

×ひとだんらく→○いちだんらく

ＮＨＫなどの放送局では、「いちだんらく」を正しい読み方としている。「一段落つく」、「これで、一段落だ」など。

出生率

×しゅっせいりつ→○しゅっしょうりつ

放送局では、「出生」を「しゅっしょう」と読んでいる。「出生地主義」は「しゅっしょうちしゅぎ」と読み、国籍を出生地によって定めること。「出生届」は「しゅっしょうとどけ」と読む。

一人区

×ひとりく→○いちにんく

選挙で、同じ選挙区から、一人だけ当選する区。「二人区」も「ふたりく」ではなく、「ににんく」と読む。

三色すみれ

人力飛行

皇居正殿

正八幡大菩薩

上下両院

△さんしょくすみれ→◯さんしきすみれ

放送局では、「さんしきすみれ」を第一の読み方、「さんしょくすみれ」を第二の読み方としている。

△じんりきひこう→◯じんりょくひこう

放送局では、原則的に「人力」を「じんりょく」と読む。ただし、「人力車」など、古くから「じんりき」と読む言葉は例外としている。「じんりきひこう」も間違いとまではいえない。

×こうきょしょうでん→◯こうきょせいでん

皇居宮殿の中心的な建物で、歌会始《うたかいはじめ》の儀、首相任命式などが行われる「松の間」がある。一方、「伊勢神宮正殿」は「しょうでん」と読む。

×せい・はちまんだいぼさつ→◯しょう・はちまんだいぼさつ

八幡神の菩薩号。「正八幡宮」は「しょう・はちまんぐう」と読む。

×じょうげりょういん→◯じょうかりょういん

この「上下」は上院・下院《かいん》を略した語なので、「じょう・か」と読む。

四重奏

×よんじゅうそう→○しじゅうそう

四人で演奏するカルテット。音楽用語は「四」を「し」と読むことが多く、四重唱は「しじゅうしょう」、四分音符は「しぶおんぷ」、四分の四拍子は「しぶんのしびょうし」、あるいは「しぶんのよんびょうし」と読む。

第四四半期

×だいししはんき→○だいよんしはんき

これは、ふたつの「四」を「よん」と「し」と読み分ける言葉。一年を四等分した最後の期間のこと。「第四四半期の数字が思わしくない」など。

立呼び出し

×たちよびだし→○たてよびだし

「立」（たて）は、その役目の筆頭であることを示す接頭語。「立呼び出し」は相撲界の呼び出しのトップ。「立行司」も「たて」と読む。

（相撲の）禁手

×きんしゅ→○きんて

禁じ手のこと。相撲では、肘打ち、膝蹴り、顔面への頭突き、関節技など。

本割

×もとわり→○ほんわり

大相撲で、予定されている取組のこと。大相撲では、個々の取組を「割」という。

中押し勝ち

×なかおしがち→○ちゅうおしがち

囲碁では、相手が投了し、最後まで打たずに勝つことを「中押し勝ち」という。一方、野球では、中盤で追加点を入れることを「中押《なかお》し」と呼ぶ。

柴犬

△しばけん→○しばいぬ

日本犬の一品種。毛色が「柴」の色に似ているところから、この名がついた。放送局では「しばいぬ」と読み、「秋田犬」も、国の天然記念物としての正式な読み方は「あきたいぬ」。ただし、「しばけん」も「あきたけん」も広く使われ、間違いとはいえない。その一方、放送局では、紀州犬、甲斐犬、カラフト犬、北海道犬は「けん」と読んでいる。

水半球

×みずはんきゅう→○すいはんきゅう

地球で、海が最も多くなる半球。ニュージーランドの島を中心にすると、88・7%が海になる。対義語は「陸半球」。

魚付林

×さかなつきりん→○うおつきりん

魚の繁殖・保護を目的として設ける海岸近くの林。

誤読者続出の1・2年の漢字です。読んでください。

多勢

×おおぜい→○たぜい

多人数のこと。「おおぜい」と読むのは、「大勢」のほう。「多勢に無勢」は、相手が多人数、こちらは少人数で勝ち目がないさま。

多人数

×おおにんずう→○たにんずう

「おおにんずう」と読むのは、「大人数」のほう。また、「小人数」は、「しょうにんずう」ではなく、「こにんずう」あるいは「こにんず」と読む。「しょうにんずう」と読むのは、「少人数」。

多言

×たごん→○たげん

口数が多いことで、「多言を要しない」などと使う。「たごん」と読むのは「他言」で、「他言は無用」など。

小一時間

×しょういちじかん→○こいちじかん

一時間弱のこと。この「小」は、すこし足りないが、それに近いという意味を表す。「小《こ》半時《はんとき》」は、半時（一時間）に近い、「小一里」は一里（約4キロメートル）に近いというように。

下の句

×したのく→○しものく

和歌の後半の七七の部分。前半の五七五は「上《かみ》の句《く》」。

青空の下

×あおぞらのした→○あおぞらのもと

青空や秋空など、好天の「下」は「もと」と読む。一方、「雨空の下」や「梅雨空の下」など、天気がよくないことを表す語についたときは、「した」と読むこともある。他に、「白日の下にさらす」、「幸運の星の下」なども、「した」ではなく、「もと」と読む。

中年増

西下

前半

非力

出湯

×なかどしま→○ちゅうどしま

中くらいの年増。江戸時代には、20歳過ぎは「年増」と総称され、当時の感覚では、中年増は23～29歳くらい。30歳以上は大年増《おおどしま》と呼ばれた。

×せいか→○さいか

日本では、東京から関西方面など、西の方角に向かうこと。対義語は「東上《とうじょう》」。

△ぜんぱん→○ぜんはん

放送局では、「ぜんはん」と清音で読むことにしている。「ぜんぱん」と読んでも間違いではないが、「全般」と間違えられやすいこともあって、避けている。

×ひりょく→○ひりき

力が弱いこと。「非力なバッター」、「非力な政治家」など。

×でゆ→○いでゆ

湧き出る湯、温泉のこと。「出湯の町・箱根」などと使う。「でゆ」と誤読されやすいので、近年は「出で湯」と書くことが増えている。

一筋縄ではいかない1・2年の漢字です。読んでください。

幾年

初日（を拝む）

上向き

×いくとし→○いくとせ

何年という意味で、「思えば、あれから幾年」などと使う。「年」は、古語では「とせ」と読むことが多く、一年は「ひととせ」、三年は「みとせ」、二十年は「はたとせ」と読む。

×しょにち→○はつひ

「初日」は、普通は「しょにち」と読むが、「初日の出」という意味の場合は「はつひ」と読む。「初日に手を合わせる」など。

×うえむき→○うわむき

多くの辞書が「うわむき」を見出し語にしている。動詞の「上向く」も「うえ～」ではなく、「うわむく」と読む。「景気が上向く」など。

内交渉

鼻白む

花街

創業家

×うちこうしょう→○ないこうしょう
正式な交渉の前に行う非公式の交渉。「トップ会談前に、内交渉で細部を詰めておく」など。

×はなじらむ→○はなじろむ
興ざめする、気分を害するさま。「空が白《しら》む」などにつられて、「〜じらむ」と読まないように。「無粋な話に鼻白む」など。

△はなまち→○かがい
芸者屋や遊女屋が集まっている地域。色街のことで、本来は「かがい」と読む。かつて『花街《はなまち》の母』という曲がヒットしたこともあって、「はなまち」という読み方が広まったものの、△くらい。

×そうぎょうか→○そうぎょうけ
企業の創業者の家系。なお、企業家は「きぎょうか」、事業家は「じぎょうか」と読む。

喪家

水鳥

野天

野梅

×そうけ→○そうか

こちらは「か」と読み、喪中の家のこと。「そうけ」と読み間違いやすいので注意。「喪家の狗《いぬ》」は故事成句で、やつれて元気のないさま。

△みずどり→○みずとり

NHKでは、清音の「みずとり」を第一の読み、濁音の「みずどり」を第二の読みとしている。

×やてん→○のてん

「野」は、音読みの「や」と訓読みの「の」の読み分けが難しい漢字。「野天」は屋根のない場所のことで、「露天」と同じ意味。「野天風呂」など。

×のうめ→○やばい

野に咲く梅のことで、春の季語。「ヤバイ」と同音であることが、雑学的に話題になる言葉。「のばい」も×。

見かけは簡単、でも侮れない漢字です。

大勝負

所番地

強行軍

竹工芸

×だいしょうぶ→◯おおしょうぶ

人生や運命を左右するような大きな勝負。「一世一代の大勝負に挑む」など。

×しょばんち→◯ところばんち

居住地などの地名（所）と番地。「所番地を伝える」など。

×きょうこう・ぐん→◯きょう・こうぐん

日程のきびしい行軍。これは〝切り方〟が問題の言葉。「行軍」という熟語に、形容詞的に「強」がついた言葉なので、「強行・軍」ではなく、「強・行軍」と読む。「強・打者」などと同じ構造の言葉。

×ちくこうげい→◯たけこうげい

竹で作った工芸品。「木工」を「もっこう」と読むこともあってか、「竹」を音読みにしがち。

正客

正時

早急

色悪

×せいきゃく→○しょうきゃく

「正」は、「せい」（漢音）と「しょう」（呉音）の読み分けが厄介な漢字。「正客」は、茶会などで中心となる客。主賓のこと。

×せいじ→○しょうじ

11時ちょうど、12時ちょうどなど、端数がつかないちょうどの時刻。「柱時計が毎正時に鳴る」など。

△そうきゅう→○さっきゅう

急いで、間をおかずに。「早急に善処する」など。「そうきゅう」とも読むが、辞書は「さっきゅう」を見出し語にしている。なお、「早」は漢音でも呉音でも「そう」と読み、「さっ」と読むのは慣用読み。

×いろわる→○いろあく

歌舞伎の二枚目の悪役。一方、「実悪《じつあく》」は、謀《む》叛人《ほんにん》や大泥棒など、本物のワルを指す語。

忌引

門火

夜着

霜夜

童形

×いびき→○きびき

肉親の葬儀のため、仕事や学校を休むこと。「き」は「忌」の音読みで、重箱読みにする。

×もんび→○かどび

お盆の行事で、門前で焚く火。先祖の霊を迎え、送り出す迎え火や送り火のこと。

×やぎ→○よぎ

掛け布団、あるいは掻巻《かいまき》のこと。夜に着る服のことではない。

×しもや→○しもよ

霜のおりるような寒い夜。「そうや」とも読むが、「しもよ」と読むのが一般的。

×どうけい→○どうぎょう

まだ元服前で、髪を結い上げていない稚児姿のこと。「童形の少年」など。

先覚者

×せんがくしゃ→○せんかくしゃ

濁らずに、清音で読む。世間よりも先に、時代の流れや物事の本質に気づく人。

校合

△こうごう→○きょうごう

基準とする本と他の本を照らし合わせて、比較すること。「定本と異本を校合する」などと使う。辞書によって、「きょうごう」か「こうごう」か、見出し語の読み方（主たる読み方）が違う熟語。「きょうごう」がやや優勢。

源氏の白旗

×しろはた→○しらはた

「白旗」は、一般的には「しろはた」とも読むが、「源氏の白旗」という場合は「しらはた」と読むのがふさわしい。

文章博士

×ぶんしょうはかせ→○もんじょうはかせ

奈良時代の大学寮の教官のこと。

楔形文字

×きっけいもじ→○くさびがたもじ

音読みにするなら「せっけいもじ」。「喫」の音読みは「きつ」だが、「楔」は「せつ」。

金色世界

×きんいろせかい→○こんじきせかい

金色に輝く世界のことで、もとは文殊菩薩の浄土の名。また、「金色燦然」も、「きんいろさんぜん」ではなく、「こんじきさんぜん」と読み、金色に輝いているさま。

木の芽田楽

×このめでんがく→○きのめでんがく

「木の芽」は「木の芽時」など、「このめ」と読むことが多いが、山椒《さんしょう》の芽を意味するときは「きのめ」と読む。「木の芽田楽」は、豆腐に山椒の芽をすり込んだ味噌（木の芽味噌）を塗り、串に刺して焼いたもの。

木の実油

×このみあぶら→○きのみあぶら

木の実を搾った油。とくに、椿油《つばきあぶら》の別称。「木の実」だけなら、「このみ」とも「きのみ」とも読むが、油がつくと「きのみ」と読む。

立食パーティ

後集

古風土記

生憎心

×たちぐいパーティ→◯りっしょくパーティ

「立ち食い」と送り仮名をつけると、「たちぐい」と読む。こちらは「立ち食いそば」など。

×ごしゅう→◯こうしゅう

文集、詩集などで、後から編み足したもの。

×こふうどき→◯こふどき

奈良時代、元明天皇の詔によって編集された風土記。後の風土記と区別して、◯のように呼ぶ。

×あいにくごころ→◯あやにくごころ

「生憎」は普通「あいにく」と読むが、「心」がつくと「あやにく」と読む。古語で、憎む気持ち、腹立たしく思う心、意地悪い心を意味する言葉だが、今も使われることがある。

危険な1・2年漢字を含む成句です。読んでください。

土《つち》一升金一升

×きんいっしょう→○かねいっしょう

土地の値段がひじょうに高いさま。「金」を使った成句は、「かね」と訓読みするか、「きん」と音読みするか、一つずつ覚えるしかない。たとえば、「時は金なり」は「かね」で、金銭のこと。「沈黙は金」は「きん」と読み、ゴールドのこと。

金の草鞋で探す

×きん→○かね

これも「かね」と読み、根気よく探すさま。金（鉄製）の草鞋《わらじ》なら、いくら歩いてもすりきれないことから。

意を体する

×ていする→○たいする

「呈する」「挺する」など、「ていする」と読む動詞があるためか、「ていする」と誤読する人が多い成句。身をもって実行するという意味で、「社長の意を体する」など。

夜鶴

×よかく→○やかく

夜の間、巣籠もりをしている鶴のことで、白居易の漢詩から、親の愛情が深いことのたとえとして使われる。なお、「野鶴」も「やかく」と読み、野にいる鶴という意味のほか、比喩的に、仕官せずに民間にいる人のたとえとして使われる言葉。

水を得た魚のよう

×さかな→○うお

この成句では「うお」と読む。自在に動ける場所（水）を得て、生き生きしているさま。「魚の水を得たよう」という言葉もあり、この場合も「うお」と読む。

呑舟の魚

×どんしゅうのさかな→○どんしゅうのうお

これも「うお」と読む。舟を丸呑みにするような大魚のことで、そこから大人物を指す。

日々是好日

×ひびこれこうじつ→○にちにちこれこうじつ

毎日が平和なよい日であること。漢文に由来する語句で、古くから「にちにち」と読まれてきた。

とかく、誤読しがちな固有名詞です。読んでください。

関西学院大学

×かんさいがくいん→○**かんせいがくいん**

「西」を「さい」と読むのは、仏教語に多い呉音。ミッションスクールの関西学院大学はそれを嫌って、「かんせい」と読むことにしたといわれる。

露土戦争

×ろどせんそう→○**ろとせんそう**

ロシアとトルコの戦争。「トルコ」を漢字では「土耳古」と書く。「露土」の「土」はその略なので、濁らずに読む。

死海文書

×しかいぶんしょ→○**しかいもんじょ**

キリスト教の創成期に作成された文書。前述したように、普通の書き物は「ぶんしょ」と読むが、「古文書」など、史料は「もんじょ」と読む。なお、「ぶん」と読むのは漢音で、「もん」は呉音。

高野切

×こうやぎり→○こうやぎれ

『古今和歌集』の、現存する最古の断片。紀貫之筆と伝えられ、高野山に伝わるので、この名がある。

二十四の瞳

×にじゅうよんのひとみ→○にじゅうしのひとみ

壺井栄の小説は「にじゅうし〜」と読むのが正しい。なお、「二十四節気」も、「にじゅうしせっき」と読む。

花柳流

×はなやなぎりゅう→○はなやぎりゅう

日本舞踊の流派のひとつ。

海北派

×かいほくは→○かいほうは

安土桃山時代の絵師、海北友松《ゆうしょう》にはじまる絵画の流派。「北」を「ほう」と読む珍しい例。

出雲大社

△いずもたいしゃ→○いずもおおやしろ

正式には○のように読み、ホームページにもそうある。島根県出雲市にある大社。

黄熱病

×こうねつびょう→○おうねつびょう

野口英世が研究した病気。高熱《こうねつ》を発しはするが、「こうねつ」は×。

百舌鳥古墳群

×もずどりこふんぐん→○もずこふんぐん

大山《だいせん》古墳（伝仁徳天皇陵）など、巨大な前方後円墳を含む古墳群。2019年、世界遺産に指定された。「百舌」だけでも「もず」と読むが、「百舌鳥」の「鳥」を「とり」と読み加えると、間違いになってしまう。

ストレートに読むと間違う仏教関係の言葉です。読んでください。

月光菩薩

×げっこうぼさつ→○がっこうぼさつ

薬師如来の脇侍の菩薩。仏教語に見られる例で、「月」を「がつ」と読む。「水月観音」も「すいげつ」ではなく、「すいがつかんのん」と読む。

名号

明王

正法

読経

門前町

×めいごう→○みょうごう

仏や菩薩の名。あるいは、南無阿弥陀仏のことで、「名号を唱える」などと使う。「法名」(戒名のこと)とは、意味の違う言葉なので注意。

×めいおう→○みょうおう

仏法を守護する神。「不動明王」、「降三世《ごうざんぜ》明王」など。

×せいぼう→○しょうぼう

仏法の正しい教え。『正法眼蔵』は、曹洞宗の開祖、道元の法話集。

×どっきょう→○どきょう

声を出して、お経を読むこと。対義語の「看経《かんきん》」は、経典を黙読すること。

×もんぜんちょう→○もんぜんまち

寺社を中心として発展してきた町。城下町、屋敷町、宿場町も「ちょう」ではなく、「まち」と読む。

白衣観音

×びゃくい→○びゃくえ

「白衣」は、いろいろな読み方がある言葉。「白衣観音」は三十三観音のひとつで、白衣をつけた観音像。他に「白衣の天使」は「はくい」、「白衣の行者」は「びゃくい」と読む。

同行二人

×どうこうふたり→○どうぎょうににん

お遍路の旅は、弘法大師と二人で歩くという意味。

日本を代表する有名寺社から、誤読しやすい名をまとめました。読めますか？

石清水八幡

【いわしみずはちまん】 京都南部の神社。「石清水」は、岩の間から湧き出る水のこと。

石上神宮

【いそのかみじんぐう】 奈良県の神社。「山辺《やまのべ》の道」の終点にあたり、国宝「七支《しちし》刀《とう》」を所蔵する。

大石寺

【たいせきじ】静岡県富士宮市の日蓮正宗の総本山。×おおいしでら。

立石寺

【りっしゃくじ】山形市の名刹《めいさつ》。松尾芭蕉がこの寺で「閑さや岩にしみ入る蟬の声」と詠んだ。×たていしでら。

三井寺

【みいでら】滋賀県大津市の園城寺《おんじょうじ》の別名。×みついでら。

手向山八幡宮

【たむけやまはちまんぐう】奈良市の手向山にある神社。×てむけやま。

気多大社

【けたたいしゃ】石川県羽咋市の神社。

日吉神社

【ひえじんじゃ】滋賀県大津市の神社。なお、東京・永田町の「日枝神社」も「ひえじんじゃ」と読む。

大神神社

【おおみわじんじゃ】奈良県桜井市にある日本最古とされる神社。×おおかみじんじゃ。

濁音か、清音か、間違いやすい漢字です。読んでください。

（日中）両国

浮草

三階

三界

三昧

甘草

【りょうこく】 放送局では、「両国」を普通名詞として使う場合は、「りょうこく」と読んでいる。一方、国技館のある東京の地名は「りょうごく」。

【うきくさ】 放送局では「うきくさ」を第一の読み、「うきぐさ」を第二の読みとしている。水面に浮かんで育つ植物のこと。「浮草稼業」など。

【さんがい】「ビルの三階」などは、放送局では「さんがい」と読んでいる。新潟県民謡の「三階節」も「さんがいぶし」と読む。

【さんがい】 仏教でいう欲界、色界、無色界の3つの世界。「女、三界に家なし」など。**×さんかい**。

【ざんまい】 そのことに明け暮れているさま。「ゴルフ三昧」など。**×さんまい**。

【かんぞう】 マメ科の多年草で、根が漢方薬の材料になる。**×かんそう**。

本草学

見参

山家

大服茶

大礼服

大輪の花

【ほんぞうがく】 薬用植物に関する学問。**×ほんそうがく。**

【げんざん、けんざん】 現れること。もとは「会いに参る」という意味で、面会することの謙譲語。伝統的に「げんざん」と読み、辞書はこちらを見出し語にしている。「けんざん」は、近年の慣用読み。

【やまが】 これは「が」と濁って読む。山里や山中にある家のことで、「山家育ち」、「山家住まい」など。

【おおぶくちゃ】 元旦に、若水《わかみず》を使っていれる茶。「大福茶」とも書く。「だいふくちゃ」とも読む。

【たいれいふく】 大礼《たいれい》の際に着る服なので、「たいれい・ふく」と濁らずに読む。区切り方も、「大・礼服」ではないので注意。

【たいりん】 サイズが普通よりも大きい花。「大輪の花を咲かせる」など。**×だいりん。**

（宛て名の）気付

総花

容体

四神

【きづけ】 郵便物を相手の住所ではなく、勤め先などに送るときに使う言葉。辞書では「きづけ」を見出し語にしている。一方、「気付薬」は「きつけ」と濁らずに読む。

【そうばな】 もとは、全員に花代、祝儀を渡すこと。そこから、関係者全員に恩恵を与えることを意味する。「総花式」、「総花的」など。

【ようだい】 病状、体の状態。濁って読み、「容態」とも書く。**×ようたい。**

【しじん】 東西南北を司る神。青龍、白虎、朱雀《すざく》、玄武のこと。**×ししん。**

濁音か、清音かが問題になる固有名詞です。読んでください。

有田市

【ありだし】 地名は、濁音か清音かまで、正しく読むことが必要。この項では、アナウンサーらを悩ませるその代表例をいくつか紹介しておく。有田市は和歌山県の市。名産の有田みかんも「ありだみかん」と濁音で読む。

井の頭線

【いのかしらせん】 渋谷駅と吉祥寺駅を結ぶ京王電鉄の路線。**×いのがしら**。道路の「井の頭通り」も「いのかしらどおり」と清音で読む。

川崎大師

【かわさきだいし】 神奈川県川崎市の真言宗の寺院。お大師様（空海）をまつる寺であり、「だいし」と読む。**×かわさきたいし**。

白金

【しろかね】 東京の地名の「白金」は、本来は「しろかね」と濁らずに読む。ところが、「シロガネーゼ」という言葉が流行し、今は「しろがね」と読む人が多くなっている。

竹田市

【たけたし】 大分県の市。濁らずに「たけた」と読む。絵師の田能村竹田《ちくでん》の出身地。

陸前高田市

【りくぜんたかたし】 これも、濁らずに読む。なお、通販大手のジャパネットたかたも、濁らずに「たかた」。

「ぱぴぷぺぽ」で読む漢字です。読んでください。

原本

脱北

半白

金波銀波

金春流

【げんぽん】コピーや改訂のもととなる本や文書。「本」は熟語の下についたとき、「ぽん」と読むことが多い漢字で、返本、欠本、完本、根本、生一本なども「ぽん」と読む。

【だっぽく】北朝鮮から脱出すること。脱法、脱皮、脱藩など、「脱」ではじまる熟語は、続く漢字が半濁音化することが多い。この〝準新語〟も例外ではない。

【はんぱく】白髪まじりの毛髪、ごましお頭。「半白の紳士」など。

【きんぱぎんぱ】朝夕の太陽や月光に照らされ、波が輝くさま。

【こんぱるりゅう】能の流派のひとつ。「春」を「ぱる」と読む珍しい名。

3章

左右、春夏秋冬――基本漢字なのに、うかつに読めない漢字

「体」に関係する漢字を読み分けてください。まずは「頭」からです。

頭立つ

（十を）頭に

（人形の）頭

頭右

頭文字

頭分

【かしらだつ】「頭」は、音読みが「とう」と「ず」、訓読みが「あたま」「かしら」「こうべ」などと多様な読み方がある漢字。「頭立つ」は人の上に立つことで、「頭立つ人物を集める」などと使う。

【かしら】「十を頭に三人の子供」といえば、十歳の子をいちばん年かさに、三人の子供がいるという意味。

【かしら】人形の顔・頭部は「あたま」ではなく、「かしら」と呼ぶ。

【かしらみぎ】号令の一種で、右に向かってする敬礼。対義語は「頭左」。

【かしらもじ】英語などで、固有名詞の最初や文頭に用いる大文字。

【かしらぶん】親分、中心人物。「若衆組の頭分」など。同じ意味の「頭株」は「あたまかぶ」と読む。

出世頭

頭数

頭金

頭熱

頭巾

頭陀袋

八つ頭

獅子頭

【しゅっせがしら】仲間のうちで、最も出世した者。

【あたまかず、とうすう】「あたまかず」と読むと、人の数のこと。「とうすう」と読むと、動物の数の数え方になる。

【あたまきん】分割払いの最初に支払う金。手付金のこと。

【ずねつ】頭に熱があること。**×とうねつ**。なお、「頭《ず》寒《かん》足《そく》熱《ねつ》」は、頭を冷やし、足を温めると、健康にいいという意味の言葉。

【ずきん】布製のかぶりもの。「赤頭巾ちゃん」、「防災頭巾」など。

【ずだぶくろ】何でも入るような大きな袋。「頭陀」は托鉢僧のことで、「頭陀袋」は、もとは彼らが持つ袋のこと。**×ずたぶくろ**。

【やつがしら】サトイモの品種。「九面芋」と書いて、こう読むこともある。

【ししがしら】獅子舞で使う、獅子の頭に似せた面。

竜頭

【りゅうず】 今は、もっぱら、機械式時計のぜんまいを巻くつまみのこと。もとは、兜《かぶと》などに取り付けた竜をモチーフとした飾り。

「口」を正しく読み分けてください。

口の端

【くちのは】 口先、言葉のはしばし。「口の端にのぼる」は、噂になること。なお、「言《こと》の葉《は》」は言葉のことで、意味の違う言葉。

口伝

【くちづて、くでん】 「くちづて」は、言葉で伝えること。一方、「くでん」は、学問や技の奥義を口頭で伝えることで、「口伝の教え」など。「口」を「く」と読むのは呉音。

口舌

【こうぜつ、くぜつ】 ともに、言葉、口先という意味。「口舌の徒」、「口舌をふるう」など。

口利口

【くちりこう】 口先がうまいこと。あるいは、そのような人。

口分田

【くぶんでん】古代の律令制で、班田収授法にもとづいて、公民に与えられた土地。「口分」は、一人ひとりに割り当てるという意味。

多音多訓の「目」を正しく読み分けてください。

目の当たり

【ま】「目」は、ふたつの音読み（「もく」「ぼく」）と、よく使うふたつの訓読み（「め」「ま」）がある〝多音多訓〟の漢字。「目の当たり」は「ま」と読み、目の前でという意味。「惨状を目の当たりにする」など。

目深

【まぶか】帽子などを目が隠れるほど、深くかぶる様子。「学生帽を目深にかぶる」など。

目庇

【まびさし】帽子のひさし。あるいは、窓の上のひさし。

目す
目眩
目処
目顔
量目
亜目
皆目
舌平目

【もくす】 見る、見なす。「将来の社長候補と目される人材」など。「目」は呉音の「もく」が優勢な漢字。一方、「面目」など、「ぼく」と読むのは漢音。

【めまい】 目がくらくらすること。「眩暈」とも書く。

【めど】 見込み、目当て。「目途」とも書く。「目処が立つ」など。

【めがお】 目つき、目の表情。「目顔で知らせる」など。

【りょうめ】 秤《はかり》にかけて量った重さのことで、重箱読みにする。「量目は十分にあります」など。

【あもく】「目《もく》」は、生物の分類上の階級を意味する場合もある。「亜目」は、「目」と「科」の間のランク。

【かいもく】 まったく、全然。他に、眼目、衆目、属目《しょくもく》は、熟語の下につく「目」を「もく」と読む。

【したびらめ】 魚の一種。「舌比目魚」とも書く。

「耳」を正しく読み分けてください。

耳順

耳朶

耳聡い

耳障り

福耳

【じじゅん】 60歳のこと。『論語』の「六十にして耳順《したが》う」（人の意見に反発を感じず、素直に耳を傾けられる）という一節に由来する言葉。

【じだ】 耳たぶのこと。「朶」には「えだ」という訓読みがある。「耳朶に触れる」で、耳に入ること。

【みみざとい】 早耳であるさま。あるいは、聴覚が鋭いさま。「さすが、耳聡いですねぇ」など。

【みみざわり】 耳にして、不愉快な言葉や音。「耳障りかもしれませんが」など。ネガティブな意味にのみ使う言葉であり、「耳障りがいい」は誤用。

【ふくみみ】 耳たぶが大きく、肉厚の耳。福相の代表格。

「て」か「た」かなど、「手」を正しく読み分けてください。

手水

手向ける

手綱

手弱女

手薬煉

【ちょうず】 神社で、手や口をすすぎ清めるための水。「手水を使う」など。

【たむける】 故人や神仏にものを捧《ささ》げることで、「手向けの花」など。手を「た」と読む動詞は、他に「手折《たお》る」（手で折る）、「手挟《たばさ》む」（手に挟んで持つ）がある。

【たづな】 おもに、馬を操るための綱。そこから、人や組織を操る道具という意味でも使われ、「手綱を締める」、「手綱を緩める」、「巧みな手綱さばき」などと使う。

【たおやめ】 たおやかな女性。「手弱女ぶり」は、和歌の歌風のうち、女性的で温和な歌風を指す。

【てぐすね】 弓を引くときなどに、手につける滑り止め。「手薬煉を引く」は、準備万端の状態で、待ち構えること。

手職

手練

手遊び

手斧

手古摺る

手足口病

手羽

手活けの花

【てじょく】 手を使ってする職人仕事。

【てだれ】 熟練している人。なお、「手練手管」は「てれんてくだ」と読む。

【てすさび】 退屈を紛らわせるための手慰み。「遊び」といいながら、簡単な「仕事」であることもある。「ほんの手遊びですよ」など。

【ちょうな、ておの】 大工道具のひとつ。「ちょうな」は、ておの→てうの→ちょうなのように変化した読み方。

【てこずる】 抵抗にあって苦労することを意味する「てこずる」は、漢字ではこう書く。

【てあしくちびょう】 手足や口の中に発疹《ほっしん》ができる病気。

【てば】 鶏の羽の付け根の肉。上腕部が「手羽元《もと》」、先のほうが「手羽先」。

【ていけ】 自ら活けた花。「手生け」とも書く。

手文庫
【てぶんこ】書類や手紙などを入れ、手もとに置く小箱。

手巾
【しゅきん、ハンカチ】手拭き、手ぬぐいのこと。

手簡
【しゅかん】自筆の手紙（書簡）のこと。

手沢本
【しゅたくぼん】持ち主が繰り返し読んだとわかる汚れやつやのある本。

約手
【やくて】「約束手形」の略。日本のビジネス界では、「やくしゅ」ではなく、「やくて」と略す。

「足」を正しく読み分けてください。

足掻く
【あがく】じたばたと、もがくこと。「最後の足掻き」、「無駄な足掻き」、「悪《わる》足掻きはやめろ」などと使う。

足る

足占

足取

足力

素足

【たる】「たりる」と読むのは、「足りる」のほう。なお、「足る」は五段活用の動詞で、その否定形は「足らない」。「足りる」は、上一段活用の動詞で、その否定形は「足りない」となる。

【あうら】古代の占い。一歩ごとに吉凶の言葉を唱え、目的地に着いたときの言葉で、吉凶を占った。

【あしどり、あしとり】濁音か清音かで、意味が変わる言葉。「あしどり」と読むと、移動した経路、道筋のことで、「足取がつかめない」など。一方、「あしとり」と読むと、相撲の決まり手のひとつで、「小兵力士が大型力士を足取で破る」などと使う。

【そくりょく、そくりき】「そくりょく」は、走る力。一方、「そくりき」と読むこともあり、こちらは足で生み出す力。

【すあし】はだし、靴や靴下をはかない足。「素足で飛び出す」など。なお、「裸足」は「はだし」、「生足」は「なまあし」と読む。

「左」「右」を正しく読み分けてください。

左の通り

左利き

左団扇

左様

証左

【さ】 縦書きの文章で、「左に書いてあるように」という意味。つまりは「次に書いてあるように」ということで、「評議の結果は、左の通りです」などと使う。

【ひだりきき】 左手が利き手であるという意味のほか、「酒飲み」という意味もある。大工仕事では、左手で鑿《のみ》を持つことから、鑿手→飲み手というシャレ言葉。「左党」も、同様に酒好きの人のこと。

【ひだりうちわ】 左手でいつも団扇を使っているように、安楽に暮らすさま。「左団扇の生活をおくる」など。

【さよう】 そのように。「左様、心得ます」、「左様にいたせ」など。なお、別れの言葉の「さようなら」は、漢字では「左様なら」と書く。

【しょうさ】 証拠となるもの。この「左」には、割符の左半分という意味がある。「証左を示す」などと使う。

極左

【きょくさ】極端な左翼思想で、かつては「極左冒険主義」、「極左勢力」のようによく使われた言葉。**×ごくさ**。右のほうは「極右」で、「きょくう」と読む。**×ごくう**。

右筆

【ゆうひつ】大名などに仕え、文章を書くことを仕事とする者。

同右

【どうみぎ】右の記述と同じであること。「どう・みぎ」と重箱読みにする。

気象現象を表す漢字を読み分けてください。まずは「雨」からです。

氷雨

【ひさめ】もとは、霰《あられ》や霙《みぞれ》のこと。今は、おもに冷たい雨という意味で使われる。ヒットした歌謡曲でも、後者の意味で使われている。

私雨

【わたくしあめ】限られた地域に降る雨。たとえば、箱根周辺で、麓では晴れているのに、山中では降っている雨などを指す。

白雨

【はくう】夕立、にわか雨。あたりが白く見えるほどの強雨という意味。

淫雨

【いんう】長雨。この「淫」は「みだら」という意味ではなく、限度を過ぎているという意味。なお、同音の「陰雨」は陰気な雨。「霖雨《りんう》」は「淫雨」と同様、長雨を意味する。

秋雨

【あきさめ】秋に降る雨。「雨」を「さめ」と読むポピュラーな語は、これと「春雨《はるさめ》」、「霧雨《きりさめ》」の3語。

続いて、「雪」を正しく読み分けてください。意外に難物です。

雪崩

【なだれ】積もった雪が斜面を滑り落ちる現象。比喩的に使われる「雪崩現象」は、ある出来事がきっかけになって、大勢が一斉に同方向に動きだすこと。

雪ぐ

【そそぐ、すすぐ】「濯ぐ」と書くと、水で汚れを洗い落とすこと。一方、「雪ぐ」は「雪辱」という熟語もあるように、恥や汚名を消すという意味のときの書き方。「長年の恥を雪ぐ」など。

紙吹雪

【かみふぶき】小さく切った紙を雪のようにまき散らすこと。一方、「花吹雪」や「桜吹雪」は、花びらが雪のように舞うこと。

雪ん子

【ゆきんこ】子供の姿をした雪の精。

小米雪

【こごめゆき】米の粉のように、さらさらした雪。パウダースノーのこと。

特殊読みの多い「雲」を読み分けてください。

雲雀

【ひばり】小鳥の一種。「雲」に近づくように、空高く舞い上がり、さえずる習性があるので、こう書く。

雲霞

【うんか】雲と霞《かすみ》。「雲霞の如く押し寄せる」などと使う。一方、「浮塵子《うんか》」と書くと、ウンカ科の昆虫の総称。その名は、「雲霞の如く群がる」ところからのネーミングだという。

雲脚

【くもあし】雲の流れる動き。「雲脚が早い」など。「雲足」とも書く。

雲脂

【ふけ】頭の皮膚からはがれる白いもの。

出雲

【いずも】今の島根県東部の旧国名。「出雲神話」の舞台。

「風」を正しく読み分けてください。

風信子

【ヒヤシンス】英名の hyacinth に漢字を当てた言葉。その名は、古代ギリシャのスパルタの王子ヒアキントスの名にちなむ。彼が、太陽神アポロンの投げた円盤に当たって命を落とした場所から、この植物が生えたという話に由来する名。

風台風

風穴

風巻

旋風

【かぜたいふう】雨は比較的少なく、風の強さが目立つ台風。

【かざあな、ふうけつ】「かざあな」と読むと、風の入ってくる穴。「どてっ腹に風穴をあける」など。一方、「ふうけつ」は、山腹などにあいた穴、洞窟のことで、「富士の風穴」など。

【しまき】激しく吹く風。雨・雪をまじえて激しく吹く風。

【つむじかぜ、せんぷう】渦を巻いて吹き上がる強風。「せんぷう」は比喩的に大きな出来事、反響という意味にも使う。「一大旋風を巻き起こす」など。

「そら」か「から」かなど、「空」を正しく読み分けてください。

空涙

空々しい

空元気

空威張り

【そらなみだ】悲しそうに見せかける嘘の涙。「空涙を流す」など。一方、「空泣き」は意味が違い、単に泣く真似をすることで、こちらは嘘の涙さえ流れない。

【そらぞらしい】見え透いている、わざとらしい。「空々しい嘘」、「空々しいお世辞」など。また、知っているのに知らないふりをするさまにも使われ、「空々しい態度」などと使う。

【からげんき】うわべだけの元気。「しょせんは空元気ですよ」など。

【からいばり】実力はないのに、いばっているさま。他に、空騒ぎ、空回り、空振り、空売り、空買い、空くじ、空っ風、空っぽ、空っ下手、空っけつなど、「から」と読む語が多数ある。

空きっ腹

【すきっぱら】「空腹《すきばら》」を強めていう言葉。「空きっ腹にまずい物なし」など。

身空

【みそら】 身の上。「若い身空で、あたら命を散らす」など。

月・火・水・金・土の順に、危険な言葉をまとめました。まずは「月」から、正しく読み分けてください。

月極

【つきぎめ】 ひと月を単位とする契約。「月極駐車場」など。

長月

【ながつき】 陰暦9月の異称。

月白

【つきしろ】 月が上ろうとするとき、空が白んで見えること。

月輪

【がちりん、げつりん】 月のこと。月が輪のように丸いことから。

月代

【さかやき】 江戸時代以前、男性が髪を剃《そ》りあげていた部分。「自分で月代を剃りあげる」など。

月天子

【がってんし】月を神格化したインドの神。仏教にも取り入れられた。

「火」を正しく読み分けてください。

火の粉

【ひのこ】細かく飛び散る火。「ふりかかる火の粉を払いのける」など。「ひのこな」と読まないように。

火の気

【ひのけ】火のある気配。あるいは、火そのもの。「火の気のないところから、出火する」など。

火影

【ほかげ】火の光。「影」という字を使って「光」を表す語といえる。×ひかげ。

火傷

【やけど】火などの熱で、皮膚が焼けただれる症状。比喩的に、失敗や手痛い経験という意味にも使う。「大火傷しないうちに、火遊びはやめたほうがいいよ」など。

火田

火照る

火除け

火攻め

【かでん】 焼き畑《はた》のこと。

【ほてる】 顔や体を熱く感じること。「全身が火照る」など。「熱る」とも書く。

【ひよけ】 火事の延焼を防ぐことで、「火除け地」などと使う。また、火事を防ぐ信仰に関して使われ、「火除けの神様」、「火除けのお守り」など。

【ひぜめ】 火を使って、城などを攻めること。一方、「火責め」と書くと、火を使う拷問。

「水」を正しく読み分けてください。

水口

【みなくち】 「水」には「みず」と「みな」、二通りの代表的な訓読みがある。「水口」は、田へ水を引く口。昔は、その年の耕作をはじめる際に「水口祭」が営まれた。人名としては「みずぐち」と読むことが多い。

水底

【みなそこ】 池や海などの水の底。「すいてい」と読むこともある。

水鶏

【くいな】 冬に飛来するクイナ科の渡り鳥。**×みずどり。**

水分

【すいぶん、みくまり】「すいぶん」は、含まれている水の量。「みくまり」と読むと、山中で水の流れが分かれる場所。昔は、農耕にとって重要な場所とされ、「水分神《みくまりのかみ》」をまつる水分神社が置かれていることが多い。

水仕

【みずし】 水仕事のこと。具体的には、台所仕事を意味する。

「きん」か「こん」かなど、「金」を正しく読み分けてください。

金色

【きんいろ、こんじき】 こがね色。「金」を「きん」と読むのは漢音で、「こん」は呉音。「こん」と読む熟語は少なく、金堂《こんどう》、金剛、金泥《こんでい》、金比羅と次の語くらい。

金輪際

金看板

金子

金地金

金鋏

金仏

【こんりんざい】 とことんまで。もとは、仏教で、大地の底の底のこと。

【きんかんばん】 もとは、金文字を彫りこんだ看板のことで、そこから世間に対して掲げる主義や主張を意味する。「長年、掲げてきた金看板を下ろす」など。

【きんす】 おかねのこと。この「子」は接尾語の一種で意味はない。

【きんじがね】 金の地金。「ここのところ、安心資産の金地金が高騰している」などと使う。**×かねじがね。**

【かなばさみ】 「金」を金属という意味で使うときは、おおむね「かな」と読み、金物、金槌《かなづち》、金鎖、金串、金壺《かなつぼ》などは「かな」。一方、マネーという意味の場合は「かね」と読む。金貸し、金繰り、金遣い、金持ちなど。

【かなぶつ】 金属製の仏像。「かなぼとけ」と読むこともあるが、辞書ではおおむね湯桶読みの「かなぶつ」を見出し語にしている。なお、石仏は「せきぶつ」とも「いしぼとけ」とも読む。

「土」を正しく読み分けてください。

盛り土

土州

土器投げ

土一揆

土留め

【もりつち、もりど】一般的には「もりつち」、建築土木用語としては「もりど」と読む。

【としゅう】「土佐《とさ》」（今の高知県の旧国名）のことで、「土佐」と同様、濁らずに読む。

【かわらけなげ】「土器」は、普通は「どき」と読むが、投げる場合には「かわらけ」と読む。釉薬をかけずに焼いた素焼きの器のこと。

【どいっき、つちいっき】ともに室町時代、農民（土民）が起こした一揆。

【どどめ】土砂崩れを防ぐため、板や柵などで地面を固めること。「土留めの柵」など。

植物に関係する漢字です。まずは「草」と「木」を正しく読み分けてください。

草木

草仮名

草薙剣

草葺

草莽

【そうもく、くさき】草と木、植物の総称。「草木成仏」、「山川《さんせん》草木」、「草木灰」などの熟語は「そうもく」と読む。「そうぼく」と読まないように。

【そうがな】草書体の万葉仮名のことで、平仮名のもとになった書体。なお、「総仮名」は、意味の違う言葉で、全文を仮名だけで書き表すこと。

【くさなぎのつるぎ】三種の神器のひとつ。

【くさぶき】茅《かや》や葦《あし》などの草で、屋根などを葺《ふ》くこと。「草葺屋根」。

【そうもう】「莽」にも「くさ」という訓読みがあり、「草莽」の本来の意味は、草が茂る場所。そこから、民間、在野であることを意味し、幕末の脱藩浪人を「草莽の志士」と呼んだりする。

木道

【もくどう】尾瀬などでおなじみの、湿地帯などに板や木を渡して作った道。×ぼくどう。

木賃宿

【きちんやど】値段の安い粗末な宿。「木《き》賃《ちん》」は、泊まり客が煮炊き用の薪《まき》代（木の代金）として支払う金のこと。一方、「木賃アパート」は「もくちんアパート」と読み、こちらの「木賃」は「木造賃貸」の略。

木の香

【きのか】木の葉は「このは」と読むが、木の香は「きのか」と読む。

木綿

【もめん】綿花から作られた糸や布。「木綿のハンカチーフ」など。×きめん。

木立

【こだち】樹木。木を「こ」（訓読み）と読む語は意外に多く、木霊は「こだま」、木陰は「こかげ」、木口は「こぐち」、木の間は「このま」と読む。

木仏

【きぶつ】木彫の仏像。「きぼとけ」と読むことはあるが、「もくぶつ」は×。

木剣

【ぼっけん】「木刀《ぼくとう》」のことで、「ぼっ」と読む。×もっけん。

木螺子

貯木場

木鐸

経木

【もくねじ】木製の釘の一種。普通の釘とは違い、ネジ様になっていて、ねじこんで物をつなぎ合わせる。

【ちょぼくじょう】材木を貯えておく場。木場《きば》のこと。**×ちょもくじょう。**

【ぼくたく】もとは、木製の舌《ぜつ》のある鈴のこと。そこから、社会に警鐘を鳴らすものを意味する。「社会の木鐸」（＝新聞のこと）という語も、かつてほどは使われなくなっているが。

【きょうぎ】杉などの木材をごく薄く削った板。経文を書くことから、この名になった。

続いて、「花」を読み分けてください。

花卉

【かき】「卉」は「くさ」と訓読みし、「花卉」は鑑賞用の花と草のこと。

花崗岩
花水木
沈丁花
燕子花
金鳳花
花一匁

【かこうがん】建築用資材に使う岩（石）の一種。別名、御影石。

【はなみずき】ミズキ科の落葉小高木。ヒット曲の『ハナミズキ』は、漢字ではこう書く。

【じんちょうげ】庭木に用いる常緑の低木。いい香りがするところから、香料をとる沈香《じんこう》と丁子《ちょうじ》にたとえて、「沈丁花」という名・書き方になった。

【かきつばた】アヤメ科の多年草。「杜若」とも書く。

【きんぽうげ】野山に生える多年草。「花」を「げ」と読むことに注意。

【はないちもんめ】二組に分かれて、じゃんけんで勝ったほうが、相手方の子をとる遊び。一説に、この一匁（約3・75グラム）は銀の重さを表し、銀一匁分の花を売り買いするとき、安く〝買ってうれしい〟買い方と、値段を〝負けて悔しい〟売り方の様子を歌っているとされる。

花咲蟹

【はなさきがに】北海道近海でとれるカニ。とはいえ、タラバガニと同様、ヤドカリの仲間。その名の由来をめぐっては、根室半島の別名・花咲半島に由来という説と、茹《ゆ》でると花が咲いたように赤くなるからという説がある。

花散里

【はなちるさと】『源氏物語』第11帖の巻名。この帖から登場する女性の名でもある。光源氏25歳で、いちばんモテる頃のお話。

花盗人

【はなぬすびと】花泥棒のこと。「はなぬすっと」と読むと、この雅《みや》びな言葉のニュアンスを台無しにしてしまう。

「竹」を正しく読み分けてください。

竹刀

【しない】剣道の稽古で使う竹製の刀。語源は、竹がよく〝撓《しな》う〟ことから。次項の「竹光」と混同しないように。

竹光

麻竹

寒竹

糸竹

筮竹

【たけみつ】刀身が竹製の刀。名刀に「兼光《かねみつ》」など「光」の字がつくものが多いところから、「竹」に「光」をつけてシャレた言葉。

【まちく】熱帯産の竹の一種。これのタケノコがメンマの材料になり、メンマとは〝ラーメンの上のマチク〟という意味からのネーミング。**×あさだけ**。一方、「真竹」は「まだけ」と読む。

【かんちく】生け垣用に使う竹の一種。「寒竹」という名前の由来は、晩秋から冬にかけてタケノコが出るところから。とくに、寒さに強いわけではない。

【いとたけ、しちく】和楽器の総称。「糸」は三味線などの弦楽器、「竹」は尺八などの管楽器を指す。「糸竹の道を志す」といえば、和楽器奏者を目指すという意味になる。

【ぜいちく】占いに使う竹の棒。通常、50本1組で用いる。「筮う」で「うらなう」と読む。

動物を表す漢字を読み分けてください。まずは「牛」からです。

牛耳る

牛車

牛蒡

牛黄

【ぎゅうじる】組織を意のままに動かすこと。中国の春秋戦国時代、盟主になる者が牛の耳を裂いたことから、「牛耳を執《と》る」という言葉が生まれ、それが短縮されてできた言葉。

【ぎっしゃ、ぎゅうしゃ】「ぎっしゃ」と読むと、平安時代に使われた牛が引く車。「ぎゅうしゃ」と読むと、農耕などで牛がひく車。

【ごぼう】野菜のゴボウ。なお、「牛」を「ぎゅう」と読むのは漢音で、「ご」は慣用読み。中国では、植物の大きめのものを「牛」の字で表し、またもともと「蒡」という植物があって、その植物よりも大きいところから、「牛蒡」という名が生まれた。

【ごおう】漢方薬の材料の名。原料は、牛の胆のうにできる黄褐色の結石。

蝸牛

牛津

【かたつむり】カタツムリの2本の触角を牛の角に見立てた書き方。「蝸」一字でも「かたつむり」と読む。

【オックスフォード】昔は、このように漢字を当てた。オックスは雄牛。フォードは浅瀬という意であることから、港を意味する「津」を当てたとみられる。なお、ケンブリッジは「剣橋」と書いた。

「馬」を正しく読み分けてください。

駿馬

神馬

馬頭

【しゅんめ】「馬」が下につく熟語は、おおむね「ば」と読むのだが、この語は「め」と読む。対義語の「駄馬」は「だば」と読む。

【しんめ】神社に奉納する馬。これも、「馬」が下について「め」と読む珍しいケースだが、「しんば」と読む場合もある。

【めず】地獄にいる馬の頭、顔をもつ獄卒。「牛頭《ごず》」と合わせて「牛頭馬頭」と総称される。

馬手

【めて】右手のこと。馬の手綱を右手で持つことから。「右手」と書いて「めて」と読むこともある。

馬刺

【ばさし】馬肉の刺し身。長野県や熊本県の名物料理。なお、馬肉のことを別名「桜肉」という由来をめぐっては、「肉色が桜色だから」という説と、「桜の咲く時期に最も美味しくなるから」という説があって、判然としない。

馬銜

【はみ】馬の口にくわえさせる馬具。「食《は》む」に由来する言葉。「銜」には「くつわ」という訓読みがある。

「鳥」を正しく読み分けてください。

飛鳥

【あすか、ひちょう】「あすか」は、古代日本の〝首都〟があった奈良県の地名。「飛鳥時代」、「飛鳥大仏」など。一方、「ひちょう」は空を飛ぶ鳥。「飛鳥、山に遊ぶ」などと使う。

雌鳥

地鳥

鳥屋

善知鳥

啄木鳥

【めんどり】「めどり」が音変化した語で、メスの鳥のこと。一方、「雄鳥」は「おんどり」と読み、「おとり」が音変化した語。

【じどり】その土地に産する鳥。この書き方でも鶏を意味することが多いが、「地鶏」と書くと、その土地で産する鶏という意味がさらにはっきりする。

【とや】鳥小屋のこと。

【うとう】ウミスズメ科の海鳥。能の演目でもある。

【きつつき】巣作りや餌をとるため、くちばしで木の幹をつつく鳥。

「魚」を正しく読み分けてください。

細魚

岩魚

虎魚

公魚

勇魚

章魚

【さより】 細長い魚。「針魚」とも書く。名前の由来をめぐっては「沢に〝寄り〟集まるから」という説がある。ただし、海にすむ魚。

【いわな】 サケ科の川魚で、渓流のなかでも最上流にすむ。「渓流の岩の間にすむ魚《な》」だから、イワナになったという説が有力。

【おこぜ】 オニオコゼ科の魚の総称。頭がでこぼこしていて、背びれのとげに毒があるなど、何かと荒々しい魚なので、「虎魚」という漢字が当てられたとみられる。

【わかさぎ】 冬場、凍結した湖で、穴釣りで釣る魚。江戸時代、徳川将軍に献上されて以来、「御公儀の魚」という意味で「公魚」と書くようになったと伝えられる。

【いさな】 クジラの古称。「勇魚取り」は、海、浜などにかかる枕詞。

【たこ】 八本足のタコ。「蛸」とも書く。「タコ」という音は、「多股」(足が多いという意)に由来するという説がある。

秋刀魚

柳葉魚

魚河岸

魚鋤

【さんま】 秋が旬であり、体が刀身のように細長く、よく光るところから、「秋刀魚」の字が当てられた。

【ししゃも】 アイヌ語で「柳の葉」を意味する「シュシュハム」に、こんな漢字を当てた名。

【うおがし】 魚市場《うおいちば》のこと。どちらも、魚を「うお」と読む。

【うおすき】 魚を使うすき焼き。なお、広辞苑などの辞書では、「すき焼き」ではなく、「鋤焼」を見出し語にしている。農具の鋤の上で肉を焼いたことからの書き方。

「春・夏・秋・冬」を読み分けてください。

春宮

【とうぐう】 皇太子のこと。あるいは、皇太子の宮殿。前述したように、通常は、「東宮」と書くが、陰陽五行説などで、「東」と「春」が関連することから、この書き方が生じた。

常春

春田

春時雨

明の春

春告魚

半夏生

甘夏

夏作

【とこはる】 一年中、春のような気候であること。

【はるた】 まだ苗を植える前の田んぼ。レンゲが咲き広がるようなイメージ。×はるだ。

【はるしぐれ】 春の明るい通り雨。

【あけのはる】 一年の初め。新春のこと。

【にしん】 カズノコをとる海水魚。日本では春、北海道沿岸に群れが現れるところから、こう書く。鰊、鯡、青魚とも書く。

【はんげしょう】 夏至から11日目（7月2日頃）のこと。「半夏（畑などに生える毒草）の生える時期」という意味で、夏の季語。梅雨の終盤にあたり、田植えができる限界の日とされる。植物名でもある。

【あまなつ】 酸味が薄い夏みかん。

【なつさく】 夏の間に作る作物。「春作」「秋作」「冬作」も、湯桶読みにする。

秋夕

決戦の秋

秋天

金秋

竹の秋

秋寒

秋出水

冬至

【しゅうせき】秋の夕べ。「夕」の訓読みは「ゆう」、音読みは「せき」。

【とき】「秋」は「とき」と読んで、重大な「とき」を示すことがある。「危急存亡の秋」も「とき」と読む。

【しゅうてん】秋の高い空。なお、競馬ファンの間では、こう書いて「あきてん」と読む。要するに、秋の天皇賞のこと。

【きんしゅう】秋のこと。秋の季語。五行説では、秋は金にあたることから。

【たけのあき】これは「秋」ではなく、陰暦3月の異称。タケノコが育つ時期、竹の葉が一時期、枯れたように黄葉することを、秋の樹木に見立てて、こう呼ぶ。

【あきさむ】秋、朝晩などに気温が下がり、感じる寒さ。

【あきでみず】秋の台風や長雨によって起きる洪水。

【とうじ】例年、12月22日頃、北半球では、一年中で昼が最も短く、夜が最も長くなる日。

「山」と「川」を正しく読み分けてください。

深山

山茶花

山査子

山山入

山下水

川面

【みやま、しんざん】ともに、奥深い山のこと。「深山鴉《みやまがらす》」など。

【さざんか】ツバキ科の木。葉が茶のように飲料に使えることから、「山茶花」と書くようになり、その読みの「サンサカ」が転訛した名。

【さんざし】バラ科の低木。赤い実を薬用にする。

【やまやまいり】「出入」を意味する隠語。かつて商家では、出金に通ずる「出」という漢字を嫌い、「出」が「山」をふたつ重ねた形であることから、出入帳のことを「山山入帳」と書いた。

【やましたみず】山の麓を流れる水。「山下水の流れる村」など。

【かわも】川の表面。「川面にきらめく光」など。

川柳

川獺

【せんりゅう】俳句と同じ17音で、滑稽さや風刺を描く文芸。江戸時代、柄井《からい》川柳が創始したことから、この名になった。

【かわうそ】川にすむ哺乳類。「獺」一字でも「かわうそ」と読む。

4章

読めないと、小学1年生に叱られる！　漢字

このあたりは、スラスラ読みたい1・2年の漢字です。

数多

子年

店子

ぐうの音

年端

立米

【あまた】 たくさん。「引く手数多」、「数多の選択肢の中から〜」など。

【ねどし】 十二支の最初の年。「子」は、時刻では午前0時。方角では北を表す。

【たなこ】 長屋などの貸家に住む者。「店子の与太郎が〜」など。また、「お店者《たなもの》」は、商家で働く者のこと。

【ぐうのね】 一言も返すことができないさま。「ぐうの音も出ない」。

【としは】 年齢。「年端も行かない」で、幼いこと。

【りゅうべい】 立方メートルの略。「メートル」に「米」と当て字したことから。

声高

気色ばむ

市日

読点

町歩

後金

幸先

【こわだか】声が高いこと、大きいこと。ほかに、声音、声色も、「声」を「こわ」と読む。**×こえだか。**

【けしきばむ】「気色」は「きしょく」とも読むが、これは「けしきばむ」と読み、怒った様子がおもてに現れるさま。他に、「気色立つ」、「気色づく」、「気色どる」も、「けしき」と読む。**×きしょくばむ。**

【いちび】市のたつ日。「八のつく日が市日だった八日市の街」など。

【とうてん】文の切れ目を表す記号。「、」のこと。

【ちょうぶ】農地などの広さを「町《ちょう》」を単位として数えるときの言い方。1町は約1ヘクタールで、「田んぼが3町歩ほどあります」など。なお、「反歩《たんぶ》」は、反単位で数えるときの言い方。

【あときん】後から支払うお金。対義語は「前金《まえきん》」。「後払い」も「あとばらい」と読む。

【さいさき】よいことの前触れ。ポジティブな前兆にのみ使う言葉で、「幸先が悪い」は誤用。

画数は少ないものの、侮れない漢字です。

工面

先口

外連

星月夜

空返事

【くめん】 算段、間に合わせること。金銭関係で使うことが多い言葉で、「当面の運転資金を工面する」、「旅費を工面する」など。

【せんくち】 約束や申し込みの順番が、先であること。重箱読みにし、「今日は先口があるので、失礼します」などと用いる。

【けれん】 はったり、ごまかし。芝居では、見た目優先の演出を指す。「外連味《み》がない」はその否定形で、俗受けを狙ったいやらしさがないというポジティブな意味。

【ほしづきよ】 星の光がまるで月のように明るい夜。ゴッホの名作の日本での名前でもある。**×せいげつや**。

【からへんじ、そらへんじ】 どちらの読み方でも、人の話をちゃんと聞かないで、いいかげんにする返事。古くからある言葉なのに、依然、読み方が確定していない言葉。

今様
水脈
生憎
車座
新手の
外方
お頭

【いまよう】当世風。「今様の青年」など。平安後期に流行した歌謡の名でもある。

【すいみゃく、みお】水の通る道。古文、和歌では「みお」と読む。

【あいにく】期待にはずれて、都合が悪く。「生憎の雨」、「お生憎さまですが」などと使う。感動詞の「あや」に「憎し」の語幹がついた「あやにく」が音変化し、それに当て字した言葉。

【くるまざ】大勢の人が丸く円を描くように座るさま。「一同、車座になって酒盛りをする」など。**×しゃざ**。

【あらて】新しい手段の。「新手の商売」、「新手の犯罪」など。「将棋の新手」など、「新手」を「しんて」と読むことはあるが、「しんしゅ」は×。

【そっぽ】よその方向、あらぬ方向。「そっぽう」が変化した語で、「外方を向く」は、無視する、協調的ではない態度をとること。

【おつむり、おつむ】「おつむり」はもとは女房詞で、「頭」の古風かつ丁寧な言い方。「お頭《つむ》てんてん」など。

手力

【たぢから】手の力、腕力のこと。手力男命《たぢからおのみこと》は、天の岩戸を動かし、籠もっていた天照大神を引き出したという剛力の神。

大凡

【おおよそ】大体、ほぼ。「大凡のところ、見当がつく」、「大凡１００人くらい」など。なお、「凡そ」は「およそ」と読む。

見目形

【みめかたち】見た目、外見、顔だち。「見目形が美しい青年」など。

毛程も

【けほども】すこしも。漢字ではこう書き、「邪心など、毛程もない」のように使う。

1・2年の漢字を使っているのに、意外に読めない「熟語」です。

開立

【かいりゅう】立方根を求めることで、「27を開立すると3になる」などと使う。なお、「開平《かいへい》」は平方根を求めることで、「4を開平すると2」のように使う。

今際
間遠
弓形
見場
異名
異形
舌長

【いまわ】 死ぬ間際。「今際の際《きわ》に吐いた言葉」など。

【まどお】 時間や距離的に、間があいているさま。「彼とは、行き来が間遠になっています」など。「遠」が熟語の後ろについて訓読みするポピュラーな語は、この語くらい。

【ゆみなり】 弓のように湾曲した形。「弓形になる」、「弓形の日本列島を等圧線が輪切りにする」など。

【みば】 外見、見てくれ。「見場がよくない」など。「見端」とも書く。

【いみょう】 本名とは別につけられた名。あだ名のこと。「槍の又左《またざ》の異名をとる」のように使う。

【いぎょう】 普通とは異なる形。「異形の者」など。**×いけい**。

【したなが】 遠慮なく言うさま。あるいは、自慢して言うさま。「舌長が過ぎるよ」など。

最早

作事

行跡

戦役

白話

断食

【もはや】 今となっては、すでに。「最早、これまで」、「最早、時代遅れの作品」など。

【さくじ】 家屋をつくったり、修理したりすること。作事《さくじ》場《ば》（建築現場）、作事《さくじ》方《かた》（江戸時代、作事にかかわった役人）、作事奉行（作事の責任者）などと使われる。

【ぎょうせき】 日頃の行い、身持ちのこと。同じ読み方をする「業績」はポジティブなことに使い、「行跡」はネガティブなことに用いることが多い。「日頃の不行跡がたたる」、「不行跡の限りを尽くす」など。

【せんえき】 戦争。「役」には、人民を使役するという意味があり、そこから戦争という意味が生じた。「後三年の役」、「西南の役」のように。

【はくわ】 中国語で「口語」を意味する言葉。「白話小説」は、文語で書かれた小説に対し、口語で書かれた小説。『三国志演義』『西遊記』などが、これにあたる。

【だんじき】 食を断つこと。「断食修行」など。なお、「しょく」は漢音で、「じき」は呉音。

文目

会釈

【あやめ】模様、物事の道筋。区別という意味もあり、「文目もわかぬ」は「物事の区別がつかない」、「分別がつかない」という意味。

【えしゃく】「会」は「え」(呉音)と読むことが案外多い漢字。「会釈」は、頭をかるく下げる挨拶。「会釈を返す」、「かるく会釈する」など。

“大人の読み方”をする和風の言葉です。読みこなせますか?

絵詞

野点

短冊

【えことば】絵巻物についている説明の言葉。『蒙古《もうこ》襲来絵詞』など。

【のだて】野外で茶を点てること。なお、「野立」も「のだて」と読み、こちらは貴人らが野外で休息すること。

【たんざく】和歌などを書くのに用いる細長い紙。「冊」には「さつ」と「さく」、2種類の音読みがある。

内裏

【だいり】 天子の住む御殿。「内」には「ない」と「だい」、ふたつの音読みがある。「参内《さんだい》」は、内裏に上がること。

夜半の月

【よわ】 夜中、夜更けの月。「夜半」は「やはん」とも読むが、「〜の月」と続く場合は「よわ」と読む。

古の

【いにしえの】 過去の、昔の。「古の姿をとどめる」など。「ふるの〜」と読まないように。

雪消

【ゆきげ】 雪がとけること。あるいは、雪解け水のこと。

神楽

【かぐら】 神社のお祭用の歌や踊り。「お神楽」、「里神楽」など。

図会

【ずえ】 絵図を集めたもの。「図絵」も「ずえ」と読み、こちらは単に図画のこと。「名所図会」は、多数の名所図を集めたものなので、「図会」と書く。

直会

【なおらい】 神事のあとに、お神酒《みき》や神饌《しんせん》をいただく酒宴。忌みが直って（明けて）、ふだんに戻る会という意味。

楽日　名判　互先　室礼　形代　直箸　母屋

【らくび】芝居、相撲などの興行の最終日。千秋楽のこと。「いよいよ、楽日を迎える」など。

【なはん】花押《かおう》のこと。あるいは、氏名と印判を意味することもある。

【たがいせん】囲碁で、交互に先手となって打つこと。一方、「定先《じょうせん》」はつねに先手で打つこと。

【しつらい】部屋の飾りつけ。「設い」のことで、「室礼」と書くのは当て字。

【かたしろ】神を祭るとき、神霊の代わりにするもの。

【じかばし】自分の箸で、直《じか》に食べ物をとること。「直箸でどうぞ」など。なお、「直」を「じき」と読むのは、訓読みではなく、呉音。

【おもや】屋敷内の主な建物。「庇を貸して母屋を取られる」などと使う。なお、このことわざの「庇」は、屋根の突き出した部分のことではなく、寝殿造で母屋のそばにあった小部屋を意味する。

円居

【まどい】 もとは、人々が円い形になって座ること。つまり、車座になることを意味した。そこから、家族らが集まり、親しむこと。「家庭の円居」は「家庭団欒《だんらん》」と同じ意味。

玉響

【たまゆら】 ほんのしばらくの間。あるいは、かすかな、という意。

玉梓

【たまずさ】 手紙の美称。もとは「たまあずさ」で、「梓」の字を使うのは、昔、使者が手紙を梓の木に結んで、届けたことから。「玉章」とも書く。

見かけは簡単、しかしそこが落とし穴の漢字です。

後れ毛

【おくれげ】 女性が髪を結い上げたとき、ほつれて下がった髪。「首筋にかかった後れ毛をかきあげる」など。

後込み

【しりごみ】 この「後」は「しり」と読む。気後れして、後ろへ下がること。「相手の勢いに、後込みする」など。「尻込み」とも書く。

泣き黒子

田の面

十七文字

人国記

使い出

物の理

笛の音

【なきぼくろ】 目の下や目尻にあり、泣いているように見えるほくろ。

【たのも】 田の表面。他に、「外の面」は「とのも」と読み、家の外のこと。「水面《みなも》」は、水の表面のこと。

【じゅうしちもじ】 俳句のこと。俳句が五七五の十七文字からなることから。**×じゅうななもじ。**

【じんこっき】 都道府県別、国別の人物の評論・記録。**△じんこくき。**

【つかいで】 「使いでがある」などの「使いで」は、漢字ではこう書く。同様に、読み出、食い出、飲み出と書く。

【ことわり】 物の道理。「理」は、一字で登場したときの読み分けが難しい漢字で、「世の理」や「自然の理」は「ことわり」。「理の当然」や「理にかなう」は「り」と読む。

【ふえのね】 笛の「音」は、「ね」と読むのがお約束。一方、バイオリンなど洋楽器の音は「おと」と読むのが、ふさわしい。なお、川端康成の小説『山の音』は「やまのおと」と読む。

交々

【こもごも】代わる代わる。入りまじって。「悲喜こもごも」など。

新盆

【にいぼん】初めて迎えるお盆。「あらぼん」と読むこともあるが、「しんぼん」は×。

寺銭

【てらせん】博打などの場所代。昔、町奉行の管轄外だった寺院で、御法度の博打が開帳されたことが語源といわれる。今は「テラ銭」と書くことが多い。

御座船

【ござぶね】身分の高い人が乗る船。「平家の御座船」など。今は、屋形船という意味でも使い、「御座船に乗って川下りする」など。

これぞ、熟字訓。知らなければ読めない漢字です。

小火

【ぼや】小さな火事、大事になる前に消し止めた火事。「小火を出す」、「小火ですんで、不幸中の幸い」など。

田舎

今朝

後朝の別れ

女形

魚籠

花魁

不知火

【いなか】 都会から離れた辺鄙《へんぴ》な場所。「田舎芝居」、「田舎暮らし」など。

【けさ】 考えてみれば、これも熟字訓。きょうの朝のこと。「こんちょう」とも読むが、一般的ではない。

【きぬぎぬ】 男女が一夜を過ごした日の翌朝の別れ。「きぬぎぬ」はもとは「衣衣」と書き、男女が翌朝、別れる前、それぞれの衣を身につけることを意味した。

【おやま】 歌舞伎で、女性の役をする男性の役者。「おんながた」とも読む。

【びく】 釣った魚を入れるかご。

【おいらん】 格や位の高い遊女。禿《かむろ》（見習いの少女）らが、姉女郎を「おいらの姉サン」と呼んだことに由来するといわれる。「花魁道中」など。

【しらぬい】 有明海などで、夜間、海上に無数の光が見える現象。なお、「不知火型」は、横綱の土俵入の型のひとつで、第11代横綱の不知火光右衛門の名に由来。

内儀

【おかみ】 人の妻への敬称。商家の女主人を指す「女将《おかみ》」とは、違う意味に使われる言葉。「ないぎ」とも読む。

海女

【あま】 海にもぐって貝などをとる女性。男性の場合は、海人や海士と書く。

総角

【あげまき】 昔の女性の髪形。『源氏物語』の帖名でもある。

1・2年の漢字を特殊読みする言葉です。読んでください。

心悲しい

【うらがなしい】 「うら」は心を意味する古語で、一部の形容にまだこの読み方が残っている。心悲しいは、何となくもの悲しいという意で、「心悲しい気分」など。また、「心寂しい」は「うらさびしい」と読む。

痩せ肉

【やせじし】 痩せていて、肉付きがよくない体つき。一方、「太り肉」は「ふとりじし」と読む。**×やせにく。**

新湯
数珠
就中
強請る
口遊む
連声
弓手

【さらゆ】新しい湯。「新湯は身の毒」は、「一番風呂は体に悪いという」意味の〝健康ことわざ〟。

【じゅず】小さな珠をつないだ仏具。「数珠つなぎ」、「数珠玉」など。

【なかんずく】とりわけ、とくに。「中に就く」が音変化した言葉。「就中、この点が緊急の課題です」など。

【ゆする】人を脅かして金品を奪うこと。「強請りたかりの類《たぐい》」など。

【くちずさむ】歌や詩を声に出す。「童謡を口遊む」、「詩を口遊む」など。

【れんじょう】国語学で、ふたつの語がつながるときの音変化を意味する。「安穏」が「あんのん」、「反応」が「はんのう」となるような音変化。

【ゆんで】弓を持つ手、つまりは左手のこと。「左手」と書いて「ゆんで」と読むこともある。また、「弓勢」は「ゆんぜい」と読み、弓を射る力のこと。

角力

気質

行脚

玉代

気障

塔頭

御重

【すもう】相撲界を「角界」と呼ぶのは、この書き方から。「角通《かくつう》」は、相撲に通じている人のこと。なお、「すもう」という言葉は、戦うという意味の動詞「争《すま》ふ」に由来する。

【かたぎ、きしつ】「かたぎ」と読むと、職業などに由来する独特の気風のことで、「職人気質」、「名人気質」など。一方、「きしつ」と読むと、気立てや性格のこと。

【あんぎゃ】諸国をめぐること。「行」を「あん」と読むのは、比較的新しい唐音。

【ぎょくだい】芸者を座敷に招いたときに支払う代金。**×たまだい**。

【きざ】気取っていて、人に不快感を与えるような言動。「気ざわり」を略した言葉。

【たっちゅう】本寺の境内にある小さな脇寺、小寺院。「頭」を「ちゅう」と読む珍しい例。

【おじゅう】重箱を丁寧にいう言葉。「御重に詰める」など。

味酒

【うまさけ】おいしい酒、上質の酒。「味酒を堪能する」など。

1・2年の漢字を「中国語読み」する言葉です。読んでください。

公司

【コンス】会社のことで、「有限公司」などと使う。中国最大の検索サイト、Baidu の運営会社は、「百度公司」という具合。

再見

【ツァイチェン】中国語で「さようなら」。再び見る＝また会いましょうという意味。

米粉

【ビーフン】米の粉でつくる中国の麺類。

東坡肉

【トンポーロー】中国風の豚の角煮。豚バラ肉をタレにつけ、煮込んでつくる。北宋の詩人が考案したとされ、その詩人の号、蘇《そ》東坡《とうば》に由来するネーミングと伝わる。

雲呑

焼売

青島ビール

老酒

広東

一荘

【ワンタン】 中国料理のひとつ。「雲呑麺」など。スープに浮かぶワンタンを「雲」に見立て、それを「呑む」という意で、「雲呑」と名付けられたといわれる。

【シュウマイ】 点心のひとつ。この名をめぐっては、昔は「焼いて売っていたから」などの説があるが、語源ははっきりしない。

【チンタオ】 中国山東省の青島で作られているビール。中国初の西洋式ビール工場で作られ、長らく中国ビールの代名詞的存在だった。

【ラオチュー】 中国の醸造酒の総称。また、紹興酒（紹興産の醸造酒）を長期間保存したものという意味に使う場合もある。

【カントン】 中国南部の省。「広東語」、「広東料理」など。

【イーチャン】 マージャンの勝負をつける単位。

どんな人のことでしょう？　読んでください。

強か者

継父

女人

仲人

優男

【したたかもの】一筋縄ではいかない曲者《くせもの》。「健か者」とも書く。

【ままちち、けいふ】血のつながらない父。なお、継母は「ままはは、けいぼ」、継子は「ままこ、けいし」と読む。

【にょにん】女の人。「女人高野《こうや》」は、奈良の室生《むろう》寺《じ》の別称。かつて「女人禁制」の高野山に対して、女性の参拝が許されていたことから。

【なこうど】結婚式の媒酌人のこと。最後に「人」がついて「～うど」と読む語は数多くあり、落人《おちうど》、若人《わこうど》、狩人《かりうど》、蔵人《くろうど》あたりは、読みこなしたい。

【やさおとこ】姿かたちが優美な男。柔弱な男というネガティブな意味にも使われ、「あんな優男には無理だよ」など。他に、色男、山男、雪男などは、「おとこ」と訓読みにする。

語部

村の長

上女

古物商

出来物

科人

法主

【かたりべ】物事を後世に語り伝える人。「沖縄戦の語部」など。

【おさ】人々の上に立つ者を意味する「長」は、「おさ」か「ちょう」かの読み分けが必要。「村長」は今は「そんちょう」と読むが、江戸時代以前の話の場合は「むらおさ」と読んだほうがしっくりくる。一方、「一家の長」や「人の長」は「ちょう」と読む。「人の長たる器ではない」など。

【かみおんな】奥女中、腰元のこと。奥向きの用をつとめる女。

【こぶつしょう】古道具を商う商人。**×ふるものしょう。**

【できぶつ、できもの】「できぶつ」は、力量・人柄のすぐれている人。「今度の部長はなかなかの出来物だよ」など。一方、「できもの」と読むと、おできのこと。

【とがにん】罪人のこと。「咎人」とも書く。

【ほうしゅ、ほっす、ほっしゅ】宗派の長を表す言葉だが、宗派の違いによって、さまざまな読み方をする。

身共

知る辺

楽人

大学頭

先手組

【みども】 わたし。時代劇で「身共におまかせを」などと使われる。

【しるべ】 知り合い。「知る辺を頼る」、「知る辺がいない土地」など。また、「寄る辺」（頼みとする人）は「よるべ」と読む。

【がくじん、らくじん】「がくじん」と読むと、雅楽を演奏する人。「らくじん」は、生活のために働く必要のない気楽な人のこと。

【だいがくのかみ】 江戸時代、幕府の学問所を統括した役職。林羅山につながる林家が世襲した。

【さきてぐみ】 江戸時代、江戸城の警護などにあたった者の職名。鬼平こと長谷川平蔵が率いた火付盗賊改《あらため》も、その一部。**×せんてぐみ。**

食品、飲み物の名は〝特殊読み〟の宝庫。読んでください。

精麦

古古米

今年米

地米

御強

赤出汁

【せいばく】 麦を精白すること。「精米」の〝麦版〟の言葉。

【ここまい】 新米よりも二年前にとれた米。「古米」は一年前にとれた米。

【ことしまい】 その秋に収穫した新米のこと。

【じまい】 その土地産のコメのこと。「じごめ」とも読むが、「ちまい」は間違い。

【おこわ】 赤飯など、もち米を蒸した飯。この場合の「強」には、固いという意味がある。

【あかだし】 赤味噌を使った味噌汁。今は「赤だし」と書くことが多い。

水雲

青柳

赤魚鯛

酒蒸し

清白

冬瓜

糸瓜

【もずく】酢の物にする「もずく」は、漢字ではこう書く。ぬめりがある海藻の一種。「水雲酢」など。

【あおやぎ】馬鹿貝の身をすし種として使うときの名。かつて、千葉県市原市の青柳あたりの海で、よくとれたことから。

【あこうだい】深海にすむ赤い魚。ただし、鯛ではなく、カサゴの仲間。

【さかむし】酒を加えて、蒸した料理。「浅蜊《あさり》の酒蒸し」など。**×さけむし**。他に、酒屋、酒樽、酒盛り、酒焼け、酒饅頭《さかまんじゅう》などは、「酒」を「さか」と読む。

【すずしろ】春の七草のひとつ。大根の古い呼び名。

【とうがん】ウリ科の大きな野菜。「瓜」の音読みは「か」で、「とうが」が訛って「とうがん」になったとみられる。

【へちま】繊維でタワシなどをつくるウリ科の植物。つまらないもののたとえとしてよく使われ、「〇〇も糸瓜もあるものか」、「糸瓜とも思わない」など。

文旦

木耳

小豆

栗金団

外郎

雲丹

【ぼんたん】ザボンの一品種。あるいは、ザボンの別名。「ぶんたん」とも読む。「文旦飴」など。

【きくらげ】キノコの一種。耳の形のような、ぐにゃぐにゃした形をしているところから、こう書く。

【あずき】アンコの材料になる豆の一種。なお、瀬戸内海の「小豆島」は「しょうどしま」と読む。

【くりきんとん】おせち料理に用いられる料理。「金団」は、金の団子という意味とみられ、そこから、福をもたらす料理として、正月料理の定番となった。

【ういろう】米粉などからつくるもちもちとした蒸し菓子。もとは、薬の名前。「外」を「うい」と読むのは、比較的新しい唐音。

【うに】「海胆」とも書く。漢字では、おおむね、生物としてのウニは「海胆」、食用としてのウニは「雲丹」と書き分ける。

雪花菜

心太

白湯

温燗

火酒

【きらず】 卯の花のこと。「おから」が「空」に通じることを忌み、調理する際、切る必要がないことから、「きらず」と呼ぶようになった。「雪花菜」と書くのは、当て字。

【ところてん】 寒天を素材にした食べ物。「ココロフト」が変化に変化を重ねて、こう読むようになった。

【さゆ】 水を沸かしただけの湯。「白湯を飲むよう」は、味もそっけもないことのたとえ。

【ぬるかん】 ぬるめの温度で燗をした日本酒。「微温燗」とも書く。「温燗でお願い」など。「熱燗《あつかん》」（より熱い燗酒）と混同しないように。

【ウオツカ】 ロシア原産の蒸留酒。アルコール度が高く、容易に火がつくことから、「火酒」と当てるようになった。なお、近年は原語の音に近づけるため、「ウオッカ」ではなく、「ウオツカ」と表記することが増えている。

動植物の名前です。読んでください。

木瓜

淡竹

空木

野老

合歓木

【ぼけ】 春に花を咲かせる低木。「木瓜」は、他にもいろいろな読み方があり、「きゅうり」、「かりん」、「マルメロ」、「もっこう」（家紋の名）とも読む。

【はちく】 竹の一種。昔は、提灯や傘の骨などに幅広く利用した。唐竹や呉竹と同じもの。「はちく」という名は、やや白みを帯びていることから、「白竹《はくちく》」の転、という説がある。

【うつぎ】 ユキノシタ科の落葉低木。幹が空《うつ》ろなことから、この名になった。「卯木」とも書く。

【ところ】 ヤマイモ科の蔓性の植物。根茎が食用になる。

【ねむのき】 マメ科の木の名前。なお、「合歓」を「ごうかん」と読むと、歓びをともにすること。

女郎花

車前草

忍冬

水母

家鴨

【おみなえし】秋の七草のひとつ。黄色い小花をつけ、高さ1メートルにもなる。「じょろうばな」とも読む。

【おおばこ】道端などに生える雑草。種が薬用になる。「大葉子」とも書く。

【すいかずら】つる草の一種。葉が漢方薬になる。昔は、子供らが花を口にくわえて甘い蜜を吸い、そこから「吸い葛」と呼ばれるようになった。それに「忍冬」と漢字を当てた名。漢名で「にんどう」とも読む。

【くらげ】海に漂うクラゲのこと。「海月」とも書く。「水母の骨」は、あるはずがないもの、あるいは、ひじょうに珍しいものを意味する言葉。

【あひる】食用にする鳥。「家鴨の火事見舞い」は、背の低い人が尻を振って急いで歩く姿を指す成句。

いろいろなモノ・道具の名前です。読んでください。

雑紙

七五三縄

糸鋸

貝独楽

草鞋

【ざつがみ】 新聞や雑誌、段ボールなどに分類できない古紙。辞書には載っていないが、一般には浸透している言葉。「雑紙は雑紙で、まとめてください」など。

【しめなわ】 神前などに張る縄。三筋、五筋、七筋と藁を垂らすことからこう書く。「注連縄」、「標縄」とも書く。

【いとのこ】 薄く細い刃がついた鋸《のこぎり》。曲線や透かし抜きを彫るときに使う。
×いとのこぎり。

【べいごま】 コマの一種。貝の形に似ているところから、こう書く。「貝」の音読み「ばい」が、音変化したとみられる。

【わらじ】 藁で編んだ履物。「草履」は「ぞうり」で、その本来の素材はイグサ。混同しないように。

雪駄

雪洞

長押

竹篦

火燵

行火

刷毛

【せった】草履の裏に、革を張った履物。「席駄」が変化した語で、「雪駄」は当て字。昔の人が雪の日に履いたわけではない。「席駄」の席は筵《むしろ》、駄は履物という意味。

【ぼんぼり】小型の行灯《あんどん》。その名は「ほんのり」明るいことから、「雪洞」という当て字は、雪でつくるかまくらに似合うことから、という説がある。

【なげし】柱と柱の間にとりつける装飾的な材。「床の間の長押」など。

【しっぺい】指で人の手の甲を打つことで、「竹篦返し」など。また、座禅者の背中を打つ竹製の杖も、こう呼ぶ。なお、「篦」には「へら」という訓読みがある。

【こたつ】暖房器具。今は「火」を使わなくなったせいか、「炬燵」と書くことが多い。「置火燵」、「火燵布団」など。

【あんか】炭を入れて、体を温める道具。「電気行火」など。

【はけ】塗料や絵の具を塗る道具。

直衣

読本

一木造り

剃刀

力紙

紙花花

お鳥目

【のうし】 平安時代の公家のふだん着。もとは、正装を脱ぎ、「気分を直す衣」という意味があった。

【よみほん、とくほん】 「よみほん」は、江戸後期の読み物のスタイルで、滝沢馬琴の『南総里見八犬伝』などが、これに当たる。一方、「とくほん」と読むと、副読本や入門書という意味で使われることが多い。

【いちぼくづくり】 一本の木から彫りだした彫像。**×いちもく**。

【かみそり】 薄刃の鋭利な刃物。比喩的に、頭がよく〝切れる〟人を指す。また、「剃刀パンチ」は、切れ味のいいパンチのこと。

【ちからがみ】 相撲の力士が、土俵周辺で、手や体を拭く紙。

【しかばな】 白い紙で造った造花。葬具のひとつ。

【おちょうもく】 銭のこと。江戸時代、一文銭などの穴を鳥の目に見立て、こう呼ぶようになった。「お」がなければ、「とりめ」とも読み、夜間、見えにくくなる目の病気。

どんな場所のことでしょう？　読んでください。

活火山

平山城

市井

油井

一場

場末

【かつかざん】放送局では「かつかざん」と読んでいる。「活断層」を「かつだんそう」と読むのと同様。「かっかざん」は×とはいえないまでも、△くらい。

【ひらやまじろ】平地と丘陵を利用して造った城。平城《ひらじろ》と山城の中間。

【しせい】まちのこと。昔、中国で「井戸」のあるところに人が集まり、市が立ったことから。「市井の人々」は庶民のこと。**×いちい。**

【ゆせい】石油を掘るための井戸。

【いちじょう】その場。「一場の夢と化する」、「栄華は一場の夢」など。**×いちば。**

【ばすえ】町外れ。「場末の店」、「場末のスナック」など。**×ばまつ。**

海内
角店
町家
広縁
作州

【かいだい】「四海（四方の海）の内」という意味で、天下のこと。「海内に名を轟《とどろ》かす」、「海内無双」（天下に二人といないという意）などと使う。

【かどみせ】道路の角に位置する店。民家の場合は「角屋」という。

【まちや】民家のことで、訓読みにする。「ちょうか」とも読むが、一般的ではない。町屋《まちや》とも書く。

【ひろえん】幅の広い縁側。「広縁に腰を下ろして、庭を眺める」など。

【さくしゅう】美作《みまさか》国の異称。×さしゅう。

郵 便 は が き

料金受取人払郵便

代々木局承認

6948

差出有効期間
2020年11月9日
まで

1 5 1 8 7 9 0

203

東京都渋谷区千駄ヶ谷 4-9-7

(株) 幻 冬 舎

書籍編集部宛

1518790203

ご住所 〒

都・道
府・県

フリガナ
お名前

メール

インターネットでも回答を受け付けております
http://www.gentosha.co.jp/e/

裏面のご感想を広告等、書籍の PR に使わせていただく場合がございます。

幻冬舎より、著者に関する新しいお知らせ・小社および関連会社、広告主からのご案内を送付することがあります。不要の場合は右の欄にレ印をご記入ください。

不要 □

本書をお買い上げいただき、誠にありがとうございました。
質問にお答えいただけたら幸いです。

◎ご購入いただいた本のタイトルをご記入ください。

『　　　　　　　　　　　　　　　　　　　　　　　　』

★著者へのメッセージ、または本書のご感想をお書きください。

●本書をお求めになった動機は？

①著者が好きだから　②タイトルにひかれて　③テーマにひかれて
④カバーにひかれて　⑤帯のコピーにひかれて　⑥新聞で見て
⑦インターネットで知って　⑧売れてるから／話題だから
⑨役に立ちそうだから

生年月日	西暦　　　年　　　月　　　日（　　　歳）男・女			
ご職業	①学生	②教員・研究職	③公務員	④農林漁業
	⑤専門・技術職	⑥自由業	⑦自営業	⑧会社役員
	⑨会社員	⑩専業主夫・主婦	⑪パート・アルバイト	
	⑫無職	⑬その他（　　　　　　　）		

このハガキは差出有効期間を過ぎても料金受取人払でお送りいただけます。

ご記入いただきました個人情報については、許可なく他の目的で使用することはありません。ご協力ありがとうございました。

5章

生、人、正——
読み方が自由すぎる
本物の難読漢字

特殊読みの王者「生」を読みこなしてください。

生え抜き

生半

生粋

生成り

生地

【はえぬき】 最初から、その会社や組織に所属している人。「創業以来の生え抜きの社員」など。

【なまなか】 生半可。「生半なことでは、この問題は解決できない」など。

【きっすい】 純粋で、まじりけがないこと。「生粋の江戸っ子」など。

【きなり】 生地のままで、飾りけがないこと。糸や布に染色・脱色加工をしていないこと。「生成りのTシャツ」などと使う。「生形」とも書く。

【せいち、きじ】「せいち」と読むと、生まれた土地のことで、「生地に戻る」など。一方、「きじ」と読むと、布地のことで、「ドレス生地」など。

生業

生薬

平生

生蕎麦

生粉打ち

生壁

【なりわい】 生計を立てるための仕事。「米作りを生業とする」など。「せいぎょう」とも読むが、「正業」（かたぎの仕事）という語もあるので、「なりわい」と読んだほうが意味が伝わりやすい。

【しょうやく】 動植物を材料にした薬。「生薬配合」など。「きぐすり」とも読むが、「せいやく」は×。

【へいぜい】 ふだん。いつも。「平生の心がけが大事」のように使う。

【きそば】 本来は、蕎麦粉だけでつくる蕎麦。実際には「生そば」の看板が上がっていても、小麦粉などのつなぎが使われていることが多い。**×なまそば**。

【きこうち】 こちらは、十割そばを打つこと。「生そば」と名乗っていても、つなぎを使う店が多いので、「生粉打ち」は、それと差別化するために使われている言葉。つなぎの小麦粉を「割り粉」と呼ぶのに対して、そば粉を「生粉」と呼ぶことから生じた言葉。

【なまかべ】 塗り立てで、まだよく乾いていない壁。

生節

【なまりぶし】カツオの身を半乾きにした食品。

鈴生り

【すずなり】果実などが、房のようになってぶら下がるさま。この「鈴」は、神社で神楽に使う鈴のことで、一本の棒に数多くの鈴がついているその形から。

園生

【そのう】庭園の美称。

埴生の宿

【はにゅうのやど】小さく、粗末な家のこと。イングランド民謡の日本での曲名でもある。

「立」は意外な難読漢字。正しく読み分けてください。

建立

【こんりゅう】寺院などを建設すること。「造立《ぞうりゅう》」も同じ意味で、「東大寺建立」、「大仏造立」のように使う。なお、「立」は、漢音でも呉音でも「りゅう」と読み、日本で多い「りつ」は慣用読み。

立役
立役者
立川流
立
立木
立礼
立て銃

【たちやく】歌舞伎で、主要な男役。もとは、座って演奏する囃《はや》し方に対して、舞台に〝立って〟演技する者という意味で使われた。**×たてやく。**

【たてやくしゃ】こちらは「たて」と読むのだから、日本語は難しい。「立役」と同じ意味で使われるほか、比喩的に重要な役割をする人物という意味でも使われる。

【たちかわりゅう、たてかわりゅう】「たちかわりゅう」は、真言密教の一派。性的な結合を唱え、邪教とされて、絶えた宗派。一方、「たてかわりゅう」は、故立川談志の一門。正式には落語立川流。

【リットル】フランス語のlitreに「立突」と当て字し、略したもの。

【たちき、りゅうぼく】どちらで読んでも、立っている木のこと。「立木のまま、売買する」などと使う。

【りゅうれい】椅子に腰を掛けて行う茶道の点前《てまえ》。「椅子点前」ともいう。

【たてつつ】軍隊で、銃を立てて、不動の姿勢をとること。歩兵に対し、捧《ささ》げ銃、担《にな》え銃、立て銃と号令をかける。

陣立

【じんだて】戦場での軍勢の配置や編成。

「正」を〝正《ただ》しく〟読むのは、正《まさ》しく大変です。読み分けてください。

正絹

【しょうけん】「正」は、「せい」が漢音で、「しょう」は呉音。「正絹」はまじりけのない絹のこと。

正札

【しょうふだ】掛け値のない値段を記した札。「正札掛け値なし」、「正札販売」など。

正味

【しょうみ】中身、中身の重さ。「正味〇〇グラム」など。

正目

【まさめ】木の表面の美しい模様。「柾目」とも書く。

正一位

【しょういちい】昔の官位の最高位。×せいいちい。

正子

正筆

時正

正しく

正夢

正無事

【しょうし】「正午《しょうご》」（午《うま》の刻）は、ご存じのように、午後0時のこと。「正子」（子《ね》の刻）は、その対義語的な言葉で、午前0時のこと。近年では、ほとんど使われなくなっているが。

【しょうひつ】真筆、肉筆のこと。「文豪の正筆に違いない」などと使う。

【じしょう】昼と夜の長さが同じであること。春分や秋分、あるいは彼岸の7日間を意味する。

【まさしく、ただしく】このふたつの語は、送り仮名まで同じなので、「まさしく」と読ませたいときには、平仮名で書くのが、まさしく賢明。

【まさゆめ】夢に見たことが現実になること。対義語は「逆夢《さかゆめ》」。

【まさなごと】たわむれにしたこと。「正無し」は「まさなし」と読み、不都合であること、見苦しいこと。

「出」と「入」を正しく読み分けてください。まずは「出」から。

出納

出端

出し物

出涸らし

出立

【すいとう】 お金の出し入れ、支出と収入のこと。「出納帳」、「出納簿」のように使う。この語と「出師《すいし》」（軍隊を戦場に繰り出すこと）、「出挙《すいこ》」（古代の貸し付け制度）の3語は、「出」を「すい」と読む。

【ではな】 物事のはじめ。「出端を折る」、「出端を叩く」、「出端を挫《くじ》く」などと使う。一方、「出鼻」は「でばな」と読む。

【だしもの】 上演する作品。「今日の出し物は〜」など。「演し物」とも書く。

【でがらし】 何度も使って、味の薄くなった茶葉。

【しゅったつ】 旅に出発すること。「出立点」は出発点と同じ意味。なお、「出で立ち」は「いでたち」と読み、服装などの身ごしらえのこと。

ぽっと出

【ぽっとで】初めて田舎から都会に出てきた人。「ぽっと出の田舎者」。

遠出

【とおで】遠くまで出かけること。家出、早出、人出、船出、門出、総出などは、「出」を「で」と読む。

「入」を正しく読み分けてください。

入会

【いりあい、にゅうかい】「いりあい」は、地域の人々が共同で山林などを利用する権利。「入会権」、「入会地」など。一方、「にゅうかい」は、会に入ることで、こちらの「入会権」は「にゅうかいけん」と読む。

入相

【いりあい】この「いりあい」の意味は、日が入る頃、つまりは日の暮れる頃。「入相の鐘」は夕暮れに鳴らす鐘。

入洛

【じゅらく】京都に入ること。もとは、貴人が入京すること。

入水

一入

借入金

入定

入唐

入母屋造り

【じゅすい、にゅうすい】「じゅすい」と読むと、水中に身を投げ、自殺すること。「自殺する」という意味を含むので、「入水自殺」は重複表現になるという意見もある。一方、「にゅうすい」と読むと、単に水に入ること。

【ひとしお】いっそう、ひときわ。「喜びも一入」、「懐かしさも一入」などと使う。もとは、染め物を染汁の中に一回つけること。

【かりいれきん】×しゃくにゅうきん。「しゃくにゅう」という熟語は、辞書に載っていないし、ワープロソフトでも「借入」と変換されないことが多い。

【にゅうじょう】高僧の死の婉曲表現で、「入滅」や「入寂」と同じ意味。本来は「禅定《ぜんじょう》に入る」ことで、精神を統一し、宗教的な瞑想に入ること。

【にっとう】唐の国に渡ること。「入」を「にっ」と読むのは慣用読み。

【いりもやづくり】屋根の形のひとつで、寺院などに多い形。

入木道

【じゅぼくどう】書道のこと。中国の書家の大家の書に力があり、墨が木の内部にまで深く染み込んだという故事に由来する言葉。

身に入む

【みにしむ】秋の気配や冷たさを感じるさま。一般的には「身に染む」と書くが、秋の季語としては「身に入む」と書くことが多い。

「前」と「後」を正しく読み分けてください。まずは比較的簡単な「前」から。

前口上

【まえこうじょう】本芸に入る前の口上。本題に入る前の話。「彼の話は前口上が長いのが難点」、「前口上はこれくらいにして〜」などと使う。

前説

【まえせつ】テレビ局で、番組収録前に、若干の説明をしたり、会場の雰囲気を温める役割。「前説明」、「事前説明」の略とみられる。まれに「ぜんせつ」と読むこともあり、その場合は「前に述べた説」という意味。

前宣伝　【まえせんでん】事前に行う宣伝。「派手な前宣伝で、人気を煽《あお》る」など。

前評判　【まえひょうばん】事前の評判。「前評判は、上々のようです」など。

前以て　【まえもって】あらかじめ。「前以て、ご相談に上がりました」など。

前厄　【まえやく】厄年の前年。対義語は「後厄《あとやく》」。

「後」は音読みも訓読みも複数ある意外な難読漢字。正しく読み分けてください。

後手　【うしろで、ごて】「うしろで」と読むと、両手を背後に回すことで、「後手に縛りあげる」など。「ごて」と読むと、相手に先手をとられて、受け身になるさま。「後手に回る」など。囲碁・将棋で、後から打つ（指す）後手番という意味もある。

後生

後の月

後の世

後添い

後詰め

後作

後先

【こうせい、ごしょう】「こうせい」は、あとから生まれてくる人。「後生畏《おそ》るべし」など。「ごしょう」は、もとは前生、今生に対する死後の世界のこと。今は、「後生だから」と、人に頼みごとをするときにも使う言葉。

【のちのつき】9月の十三夜のこと。8月の十五夜を「初名月《はつめいげつ》」と呼ぶのに対する言葉。**×あとのつき**。

【のちのよ】これも「のち」と読み、後の時代のこと。「彼の功績は、後の世まで長く語り継がれるだろう」など。**×あとのよ**。

【のちぞい】二度目の妻。「知り合いに、後添いを紹介してもらう」など。

【ごづめ】控えの軍、予備軍。「後詰めの戦力」、「後詰めの兵」、「後詰めをつかまつる」などと使う。

【あとさく】作物収穫後の土地で、他の作物を栽培すること。対義語の「前作」は「ぜんさく」と読むのだが、「後作」は湯桶読みにする。

【あとさき】場所や時間の前と後ろ。「後先のことを考えない」など。

後を引く

【あとをひく】 おさまりがつかないさま。「例の一件が後を引いています」、「これは後を引きますよ」などと使う。慣用句には「跡」と書く言葉が多いのだが、これは珍しく「後」と書く語。

言葉に関係する漢字をまとめました。まずは「文」を正しく読み分けてください。

文机

【ふづくえ】 読書したり、文章を書いたりするための机。

文箱

【ふばこ】 筆記道具（筆と墨）を入れておくための箱。

文車

【ふぐるま】 室内で、書物を運ぶための車輪付きの本棚。「ふみぐるま」とも読む。

願文

【がんもん】 ×がんぶん。「文」を「もん」と読むのは呉音で、「ぶん」は漢音。「願文」は、神仏への願いを書いた紙。「願文を奉納する」など。

文字

【もじ】字のこと。見慣れた言葉なので気づきにくいが、「文」を「も」と特殊読みする熟語。もとは「もんじ」と読んだ。

本文

【ほんもん、ほんぶん】一般的には「ほんもん」と読むが、法律用語では「ほんぶん」と読む。その影響もあってか、一般にも「ほんぶん」と読む人が増えている。

文殊

【もんじゅ】知恵をつかさどる菩薩。「三人寄れば文殊の知恵」など。

「言」を正しく読み分けてください。

言上

【ごんじょう】「言」は、「げん」と「ごん」の読み分けが厄介な漢字。「げん」は漢音で、「ごん」は呉音。「言上」は目上に申し上げることで、「言上仕《つかまつ》る」などと使う。

他言

言偏

言質

言伝

言語道断

言訳

片言

大納言

【たごん】 ×たげん。他の人にいうことで、「他言は無用」など。他に、雑言、無言、伝言、真言、五言、七言は、「ごん」と読む。

【ごんべん】 漢字の偏のひとつ。「言」を偏として使うときの名。

【げんち】 証拠となる言葉のことで、「言質をとる」が定番の使い方。×げんしち。

【ことづて】 伝言。誤読を避けるため、「言伝て」と書くことが多い。

【ごんごどうだん】 ひじょうに、けしからぬこと。

【いいわけ】 弁解。今は「言い訳」と書くことが多い。

【かたこと、へんげん】 「かたこと」と読むと、稚拙な外国語。「へんげん」は短い言葉のことで、「片言隻句《せつく》」などと使う。

【だいなごん】 昔の官職。「中納言」、「少納言」も「なごん」と読む。「納言」という語には、物申すという意味合いがある。

〝多訓多音〟の「日」を読みこなしてください。

月日
日月
紋日
社日

【がっぴ、つきひ】「日」は「じつ」「にち」が音読みで、「ひ」や「か」は訓読み。そのため、「がっぴ」と読むのは、重箱読みになる。「つきひ」とも読み、「生年月日《がっぴ》」、「月日《つきひ》がたつのは早い」などと読み分ける。

【じつげつ、にちげつ】「じつげつ」は、月日《つきひ》、あるいは太陽と月のこと。一方、「にちげつ」と読むと、日曜日と月曜日のことになるが、これは辞書にはあまり載っていない読み方。

【もんび】祝日、祭日。あるいは、年中行事が行われる日。「物日《ものび》」が訛り、「紋」の字が当てられたとみられる。

【しゃにち】農耕の神の日。この「社」は産土神《うぶすながみ》（土地の守護神）を意味する。つまり、その土地の神様の日であり、春秋の二回ある。

人日

日和

日向

日歩

今日様

【じんじつ】１月７日の七草粥を食べる日。古代中国では、１月１日を「鶏の日」、２日を「犬の日」などとし、「１月７日」を「人の日」とした。「人日」はそこから生まれた節句で、江戸時代、とりわけ武家が重視した日だった。

【ひより】空模様のこと。「日和見」は天気模様をみることから、成り行きを見て、有利な方につこうとする態度。「日和《ひよ》る」は「日和見する」を略した言葉。

【ひなた、ひゅうが】「ひなた」は、日光の当たる場所。「日向坂46」など。なお、日向坂は、東京都港区三田に実在する坂で、グループ名のヒントになった。一方、「ひゅうが」と読むと、宮崎県の旧国名。

【ひぶ】一日・１００円当たりの金利。「日歩３銭の金利」など。

【こんにちさま】「その日を守る神」という意味で、「太陽」を敬う言い方。「お天道様」や「日輪様」と同じように、「今日様が見ているぞ」などと使う。

日天子

【にってんし】太陽を神格化した神。大日如来の化身ともいう。

日運動

【にちうんどう】天体の天球上での一日の運動。科学用語では「日」を「にち」と読むことが多い。たとえば、「日変化」は「にちへんか」と読み、気温などの一日の間での変化、「日較差《にちかくさ》」は一日の最大値と最小値の差という具合。

日日草

【にちにちそう】鑑賞用の一年草。「日日花《にちにちか》」とも呼ぶ。

「じん」か「にん」か「ひと」か、「人」を読みこなせますか？

人事

【じんじ、ひとごと】「じんじ」は、社員配置や昇進にかかわる事柄。「社内人事」、「人事異動」など。「ひとごと」は他人のことで、「人事ではない」など。「じんじ」との混同を避けるため、後者の意味では「他人事」と書くことが多い。だから、これを「たにんごと」と読まないように。

人外
人別帳
人非人
人定
人体
人穴

【にんがい、じんがい】「にんがい」と読むと、人の道にはずれていること。一方、「じんがい」と読むと、人間の住む世界の外。「人外魔境」など。なお、「人」を「じん」と読むのは漢音で、「にん」と読むのは「呉音」。

【にんべつちょう】 江戸時代、町人などの身元を記した帳面。

【にんぴにん】「人にして人に非ず」という意味で、卑劣、悪逆な者。

【じんてい】 本人であると確認すること。裁判の「人定質問」など。×にんてい。

【にんてい、じんたい】「にんてい」は、その人の外見の様子。「人体卑しからぬ人物」など。「じんたい」と読むと、むろん人間の体のこと。

【ひとあな】 昔、人が住んだとされる洞窟。「富士の人穴」（富士山の噴火でできた溶岩洞窟）など。ただし、本当に人が住んだ確証はない穴が多い。

「名」を正しく読み分けてください。

名利
高名
仮名
名代

【みょうり】「名」は、漢音が「めい」で、呉音が「みょう」。「名利」は名声と利益のこと。「恩恵」を意味する「冥利」とは意味の違う言葉なので、使い分けに注意。

【こうめい】名高いこと。「ご高名は、つとに伺っております」など。「こうみょう」とも読むが、近年は「こうめい」が優勢の模様。

【かな、かめい】「かな」は、平仮名、片仮名の総称。「歴史的仮名遣い」など。一方、「かめい」は、本名を隠して、仮につける名。「仮名で投稿する」など。

【なだい、みょうだい】「なだい」は、世間に名を知られていること。「名代の酒」、「名代の品」など。一方、「みょうだい」と読むと、代理をつとめる者のことで、「社長の名代で参りました」などと使う。

名告

【なのり】自分の名・素性を告げること。「後継者候補として、名告を上げる」など。「名乗」とも書く。

名指人

【なざしにん】指名された人。とくに、指定した手形の受取人を意味することが多い。

「父」「母」を正しく読み分けてください。

雷親父

【かみなりおやじ】大声で、がみがみと怒鳴りつける親父。

実父

【じっぷ】実の父。尊父、神父《しんぷ》も、「父」を「ぷ」と読む。

父ちゃん坊や

【とっちゃんぼうや】子供っぽい男。子供のような顔をした男。

雲母

【うんも】光沢があり、薄くはがれる鉱物。「きらら」とも読み、「雲母《きら》刷《ずり》」は、浮世絵版画で、地に雲母を刷り込んで光らせる技法。

鬼子母神

【きしぼじん、きしもじん】 どちらでも読むのだが、固有名詞として使う場合は、正確な読み分けが必要。たとえば、東京・雑司ケ谷の「鬼子母神」は「きしもじん」と読む。それなのに、最寄り駅の都電荒川線の「鬼子母神前停留場」は「きしぼじんまえ・ていりゅうじょう」と読む。

母指

【ぼし】 親指のこと。「拇指」とも書き、「拇」には「おやゆび」という訓読みがある。

「子」を正しく読み分けてください。

子音

【しいん】 母音ではない、k、s、t、pなどの音。なお、「母音」の対義語であるところから、「父音《ふおん》」とも呼ばれる。ほとんど使われてはいないが。

子細

【しさい】 詳しい事情。「子細ありげな話しぶり」など。「仔細」とも書く。

子規

【しき、ほととぎす】鳥のホトトギスのこと。正岡子規は、ホトトギスの口の中が赤いことから、喀血《かっけつ》した自らにたとえて、子規を筆名とした。その命日は「子規忌」とも呼ばれる。

子宝

【こだから】宝のように、大事な子供。「子宝に恵まれる」など。

子福者

【こふくしゃ】大勢の子供に恵まれて、幸せな人。

餡子

【あんこ】餡のこと。「こ」は接尾辞で、それに「子」の字を当てた語。

「姉」と「妹」を正しく読み分けてください。

姉や

【ねえや】昭和30年代あたりまでは、下働きの女性をこう呼んだもの。「姐や」とも書く。

妹背

吾妹子

従姉妹

【いもせ】「妹」という漢字を使っているのに、夫婦、親しい間柄の男女のこと。「妹背の契《ちぎ》り」など。

【わぎもこ、わぎも】男性が女性に対して親しく呼びかける語。「わがいも」が音変化した語で、古歌で、よく使われる言葉。

【いとこ】おじ・おばの子。「従兄弟」（あるいは従兄、従弟）は、男性のいとこ。「従姉妹」（あるいは従姉、従妹）は、女性のいとこを表すのに、ふさわしい書き方。

「早」を正しく読み分けてください。

早々

早生

【そうそう、はやばや】どちらの読み方でも、すぐさま、たいそう早くという意味。「早々《そうそう》に引き上げる」、「早々《はやばや》と引き上げる」のように、続く助詞によって読み方が変わってくる。

【わせ】稲の品種のうち、早く実をつけるもの。「早稲」とも書く。

早苗　【さなえ】苗代《なわしろ》から、田へ移しかえる稲の苗。

早蕨　【さわらび】芽を出したばかりのワラビ。

早速　【さっそく】急なさま。すみやかに。「早速、仕事に取りかかる」など。

矢継ぎ早　【やつぎばや】続けざまに。弓で次々と矢を射るさまから。「矢継ぎ早に指示を出す」など。

「食」を正しく読み分けてください。

悪食　【あくじき】げてもの食いのこと。江戸時代までは、原則的に肉食が禁じられていたため、肉食を意味することもあった。他に、「断食」は「だんじき」、「餌食」は「えじき」、「肉食」は「にくじき」、「にくしょく」とも読む。

寝食を忘れる

【しんしょく】 寝ることも食べることも忘れるほどに、一心不乱に取り組むさま。

弱肉強食

【じゃくにくきょうしょく】 強い者が弱い者を食い物にしたり、踏み台にして勢力を伸ばすさま。「万事、弱肉強食の世の中」、「弱肉強食は世の常」など。

食紅

【しょくべに】 食品に赤色をつける色素。

食む

【はむ】 食物を食べる。動物が噛《か》んで飲み込むさまに似合う言葉で、「羊が草を食む」など。また、比喩的に「禄を食む」、「骨肉相食む」などと使う。

「米」と「麦」を正しく読み分けてください。

米酢

【こめず】 米からつくる酢。「よねず」とも読む。**×こめす**。

麦秋

麦雨

麦酒

麦藁

【ばくしゅう】 麦の刈り入れ時。秋ではなく、初夏を意味する言葉。「麦の秋」ともいう。小津映画のタイトルでもある。

【ばくう】 前項の麦秋（麦の実る頃）に降る雨。おおむね、梅雨と重なるしとしとと降る雨。

【ビール】 英語ではビア（beer）だが、日本で「ビール」というのは、オランダ語（bier）に由来するため。

【むぎわら】 麦の実や穂を落としたあとの茎。「麦藁帽子」、「麦藁細工」など。漫画『ONE PIECE』の海賊団は、「麦わらの一味」と「藁」を平仮名で書く。

「貝」を正しく読み分けてください。

北寄貝

馬刀貝

海松貝

【ほっきがい】居酒屋などでは「ホッキ貝」と書いてあることが多いが、漢字ではこう書く。「ホッキ」という音はアイヌ語に由来し、「北寄貝」という書き方は、おもに北海道で獲れるため、〝北に寄った貝〟であることから、こう書くようになったという説がある。

【まてがい】細長い円筒形の貝。食用にする。「まて」とは本来、「真手」（両手という意味）のことで、貝の両側から出す足と水管を両手に見立てたところからの命名という説がある。

【みるがい】すし種になる貝。「水松貝」とも書く。水管にミルという海藻が付着していることが多いため、この名になったという説がある。

字

「字」を正しく読み分けてください。

【あざ、あざな】「あざ」と読むと、町や村の中の小区域。「大字《おおあざ》小《こ》字《あざ》」など。一方、「あざな」と読むと、本名以外の名前。

字配り
字母
お目文字

【じくばり】 文字の配置。書道やデザイン、レイアウトで使う言葉。「字配りが美しい」など。

【じぼ】 かつての活版印刷で、活字をつくるもとになった型。

【おめもじ】 お目にかかること。語尾に「文字」をつける女房詞のひとつ。「お目文字に与《あずか》る」など。

6章

「漢数字」ほどの難読漢字はありません！

まずは、一から十まで、誤読の目立つ言葉を集めました。勘違いしていませんか?

一家言

×いっかごん→○いっかげん

独自の主張・意見。「何事にも一家言もつ人物」など。

一幕物

×いちまくもの→○ひとまくもの

歌舞伎などの芝居で、一幕で完結する物語。なお、一幕で終わらない物語は、「多《た》幕《まく》物」という。

一足飛び

×ひとあしとび→○いっそくとび

目的地に、一気に到達すること。「一足飛びに駆け上がる」など。もとは、両足をそろえて飛ぶことを意味した。

二乗

△じじょう→○にじょう

3×3など、同じ数を掛けること。「じじょう」と読むのは、おもに「自乗」のほう。なお、「二」を「に」と読むのは呉音で、「じ」は漢音。

二重瞼

×にじゅうまぶた→◯ふたえまぶた

上まぶたが二重《ふたえ》になっているまぶた。「一重瞼」は「ひとえまぶた」と読む。

四分五裂

×しぶごれつ→◯しぶんごれつ

ばらばらに分かれるさま。「四分」は、「四分音符」や10分の4という意味のときは、「しぶ」と読むが、四つに（多数に）分かれるという意味のときは「しぶん」と読む。ワープロソフトで「しぶごれつ」と打っても、正しく変換されないはず。

四代目

×よんだいめ→◯よだいめ

落語家や歌舞伎役者の代数の4番目は、「よだいめ」と読む。また、「七代目」は「しちだいめ」、九代目は「くだいめ」と読む。**×ななだいめ。×きゅうだいめ。**

五色揚げ

×ごしょくあげ→◯ごしきあげ

色とりどりの揚げ物。おおむね、「ごしき」と読むと、色とりどりという意味で、「ごしょく」と読むと、5つの色という意味。

七回忌

×ななかいき→○しちかいき

死後、満6年の回忌。十七回忌は「じゅうしちかいき」と読む。

九分通り

×きゅうぶどおり→○くぶどおり

「九」は、「く」（呉音）と「きゅう」（漢音）の読み分けが面倒な漢字。「九分通り」は9割がた、ほとんど、という意味。

九十路

×くそじ→○ここのそじ

90歳のこと。「三十路《みそじ》」や「四十路《よそじ》」を訓読みにするように、訓読みの「九つ」を使って、「ここのそじ」と読む。

十（訓読み）

×とう→○とお

「十」は「と」や「そ」とも読むが、「とう」は×。十日は「とおか」、十日町は「とおかまち」となる。

十進法

×じゅっしんほう→○じっしんほう

0と1～9の数字を用いる数の表し方。「十」が熟語の頭にくるときは、多くの場合、「じゅっ」ではなく、「じっ」と読む。

小1・2漢字きっての難読漢字「一」を読み分けてください。

一に

一寸

一日

一昨々日

一途

【いつに】 ひとえに。「功績は一に彼にあります」、「責任は一に私にあります」など。**×いちに。** なお、「いち」と読むのは呉音で、「いつ」は漢音。

【ちょっと】 すこし、わずか。もちろん、「いっすん」とも読む。

【ついたち】 月の初めの日。「朔日」とも書く。

【さきおととい】 一昨日の前の日。一昨日は「おととい」とも「いっさくじつ」とも読むが、「一昨々日」を「いっさくさくじつ」とは読まない。

【いちず、いっと】 「いちず」と読むと、ひとすじにという意味で、「一途な思い」、「一途な恋心」などと使う。一方、「いっと」はひとつの方向を意味し、「悪化の一途をたどる」などと用いる。

一文

（刀剣）一口

一揃

一文字

一丁字

【いちぶん、いちもん】「いちぶん」は文章のことで、「一文をしたためる」など。一方、「いちもん」は、銭が一文（江戸時代の貨幣単位）という意。「一文菓子」など。

【ひとふり】刀剣は「一口」、「二口《ふたふり》」と数える。一振、二振とも書く。

【ぴんぞろ】ふたつのサイコロを振り、ともに1の目が出ること。「一揃の丁」など。

【いちもんじ】「一」という字のように、まっすぐなことで、「一文字に突き進む」のように使う。ただし、ひとつの文字という意味では「ひともじ」や「いちもじ」と読むこともある。なお、「八文字」、「十文字」も、「もんじ」と読む。

【いっていじ】この「丁」は「个《か》」（箇と同じ意）を誤記したもので、「ひとつの文字」という意味。「一丁字を識《し》らず」、「目に一丁字もない」という成句として使うことが多い。ともに、ひとつの文字も読めないという意味。

一七日

一切経

一山の僧

一夜草

帰一

専一

【ひとなぬか、ひとなのか】 人が死んでから7日目の忌日。「二七日」（人の死後、14日目）は「ふたなぬか」と読む。

【いっさいきょう】 仏教聖典の総称。「きょう」と濁らずに読む。**×いっさいぎょう。**

【いっさんのそう】 この「一山」は「同じ山中にあるすべての寺」という意味で、「いっさん」と濁らずに読む。

【ひとよぐさ】 「一夜」は言葉によって「ひとよ」、「いちや」と読み分けることが必要。「一夜草」は、スミレの別名。「一夜酒」は甘酒の別名で、「ひとよざけ」、「いちやざけ」のどちらの読み方でもOK。

【きいつ】 「一」は漢熟語の下につくと、「いつ」と読むことが多い。「帰一」は、分かれているものが、最終的にひとつにまとまること。「すべてが帰一する」など。他に、「純一《じゅんいつ》」は、まじりけのないこと。「斉一《せいいつ》」は、ととのい、そろっていること。

【せんいつ】 これも「いつ」と読み、ひとつのことに打ち込むこと。今は「ご自愛専一のほど〜」という〝決まり文句〟で使うことが多い。

一人静

【ひとりしずか】山地の日陰に自生する多年草。人知れず咲き、散っていくことから、この名がある。

「二」を正しく読み分けてください。

二男二女

【になんにじょ】二人の息子と二人の娘。「じなん」、「じじょ」と読むのは、おもに次男、次女のほう。

二進も三進も

【にっちもさっちも】どうにもこうにも。「二進も三進もいかない」など。算盤《そろばん》から出た言葉。

二十歳

【はたち】20歳のこと。「20歳」と洋数字で書いた場合は「にじゅっさい」と読んでもいいが、漢字で「二十歳」と書いたときは「はたち」と読みたい。

二八蕎麦

【にはちそば】蕎麦粉8割、つなぎ2割の割合の蕎麦。一方、飲食店などに客が入らないとされる「二八月」は「にっぱちづき」と読む。

二四六九士

【にしむくさむらい】 小の月は2月、4月、6月、9月、11月であることの語呂合わせ。最後の「士」は、「十一（月）」を縦に並べて、一字にしたもの。

二親

【ふたおや】 両親のこと。「二親を早くに失う」など。

二世の契り

【にせ】 夫婦の契り。「二世」は、現世と来世のこと。**×にせい。**

二上り

【にあがり】 三味線の調弦方法のひとつ。本調子に比べて、やや音が高い。

二兎

【にと】「二兎を追う者は一兎も得ず」専用の言葉。

二夜の月

【ふたよのつき】 **×にやのつき。** 旧暦の8月15日と9月13日の二晩の月。昔は、十五夜と十三夜の二回、月見をする風習があった。

不二

【ふじ】 ふたつとないこと。昔は、富士山を「不二山」とも書いた。なお、同じ意味の「無二」は「むに」と読む。

「三」を正しく読み分けられますか?

三十一文字

三行半

三和土

三竦み

三一

【みそひともじ】「三」には、「み」「みつ」「みっつ」「さぶ」「ぞう」「ざ」など、多様な訓読みがあり、これは「み」。和歌（短歌）のことで、五七五七七を足すと、31文字になることから。

【みくだりはん】離縁状。昔は「三行と半分」で書いたことから。

【たたき】土、砂利、石灰の3つを叩き固めた土間なので、こう当て字した。

【さんすくみ】三者が牽制《けんせい》し合って、動きがとれない状態。「ヘビとカエルとナメクジは三竦みの関係」など。今は、同じ意味を「グーチョキパーの関係」ということもある。

【さんぴん】下級武士を卑しんでいう言葉。一年の扶持《ふち》（給料）が、わずが三両一分であったことから。

三下

三味線

三半規管

お三時

三番叟

三途の川

【さんした】 こちらは、侠客《きょうきゃく》のなかで、一番身分が低い者。博打では、3の目以下では勝つ見込みが薄いことから、格下の者をこう呼ぶようになったとみられる。

【しゃみせん】 邦楽の楽器。「口三味線を引く」は、人を騙《だま》すため、いいかげんなことを言うこと。一方、「三線《さんしん》」は、琉球の楽器。

【さん・はんきかん】 耳の中にある平衡感覚を司る部位。区切り方を間違いやすい言葉で、「半規」で半円という意味の言葉なので、「三半・規管」と区切るのは間違い。「三・半規管」と区切り、3つの半円形の管という意味。

【おやつ】 3時のおやつのことで、「お八つ」とも書く。昔の時刻の「八つ」が午後2時以降の時間帯を指したことから。

【さんばそう】 能楽、歌舞伎などの祝いの舞い。**×さんばんそう。**

【さんずのかわ】 地獄に堕《お》ちる前にあるとされる川。川の中に3つの瀬があり、生前の生き方によって、渡るところが異なるという。「三」よりも「途」の読み方に注意。

三十路

【みそじ】30歳。「四十路」、「五十路《いそじ》」なども十を「そ」と読む。

十三

【じゅうそう】大阪の盛り場の地名。

西国三十三所

【さいごくさんじゅうさんしょ】×さんじゅうさんかしょ。書き方にも読み方にも、「か」がないことに注意。一方、「西国」は「さいごく」とも「さいこく」とも読む。

「四」を正しく読み分けてください。

二十四時間

【にじゅうよじかん】×にじゅうよんじかん。一日の長さ。「二十四時間勤務」など。なお、「二十四金」は「にじゅうよん・きん」と読む。

四段活用

【よだんかつよう】「四」は、まずは訓読みどうしの「よん」と「よ」の読み分けに注意。「四段活用」は、動詞の活用のひとつ。×よんだんかつよう。

四次元

四十肩

四十七士

五十四帖

四君子

いろは四十八組

【よじげん】これも「よ」と読む。次元が4つあることで、「四次元空間」など。

【しじゅうかた】「四」は、音読みの「し」と「よん」や「よ」の訓読みの読み分けも、面倒な漢字。これは音読みで「し」と読む。**×よんじゅうかた**。

【しじゅうしちし】敵討ちをした赤穂四十七士のこと。**×よんじゅうしちし**。おおむね、歴史を感じさせる言葉は、「し」と読んでおくと、間違いが少ない。

【ごじゅうしじょう】『源氏物語』の帖の数。「ごじゅうよじょう」とも読むが、「ごじゅうよんじょう」とは読まない。

【しくんし】中国画や日本画で、画題となる梅、菊、蘭、竹の4つの植物の総称。その美しさを「君子」にたとえた語。

【いろはしじゅうはちくみ】江戸町火消しの総称。「四十八手」も、「よんじゅうはって」ではなく、「しじゅうはって」と読む。

四十九日

【しじゅうくにち】仏教関係の言葉も、「し」と読むことが多い。「四十九日」は、死後49日目の法要。

四万六千日

【しまんろくせんにち】寺の縁日のひとつ。この日に参拝すると、四万六千日参拝したのと同じ功徳があるとされる日。

四間飛車

【しけんびしゃ】将棋で、飛車を左から四筋目に振る（横に動かす）戦法。「よんけんびしゃ」はＮＧ。「しげんびしゃ」は△くらい。

四分六

【しぶろく】4対6の割合。「四分六のお湯割り」など。

四高

【しこう】旧制第四高等学校（金沢市）のこと。**×よんこう**。なお、「七高」（鹿児島市）は「しちこう」と読む。

「五」を正しく読み分けてください。

五月雨

【さみだれ】陰暦5月頃の長雨。要するに、梅雨のこと。「五月雨式」は、五月雨が繰り返し少しずつ降ることから、断続的という意味。

五月晴れ

【さつきばれ】今は、5月の爽やかな好天を意味するが、もとは前項の「五月雨」が降り続く時期に、束の間、天気がよくなる晴れ間のこと。

五つ紋

【いつつもん】羽織などに染め抜いてある5つの家紋。五つ紋の紋服は、礼服の中でも格が高いとされる。「五つ紋を着て、慶事に出かける」など。

五臓

【ごぞう】心臓、肺臓など、5つの臓器の総称。「五臓六腑にしみわたる」などと使う。「五」は片手の指の数なので、このような一まとまりを示す言葉に多用される。「五内《ごだい》」も、「五臓」と同じ意味で、5つの内臓を指す。

五十鈴川

【いすずがわ】伊勢神宮内を流れる川。「五十鈴宮《いすずのみや》」は「内宮《ないくう》」の別称。

座五

【ざご】俳句で、五七五のうちの後ろの五（5文字）を指す語。

重五

【ちょうご】5月5日の端午の節句。日付に五の字が重なることから、こう呼ばれる。**×じゅうご。**

「六」を正しく読み分けてください。

十六夜

小六月

六国史

六朝

宿六

【いざよい】 陰暦の16日の夜。とくに、陰暦8月16日の夜を指す。その夜の月が、十五夜の満月に比べると、少し遅い時刻に「いざよう」（ためらう）ように出てくることから。阿仏尼《あぶつに》の『十六夜日記』など。

【こむつき】 陰暦10月の異称。「小春日和」と同じ意味で、本格的な冬を迎える前の暖かな日を指す。

【りっこくし】 『日本書紀』、『続日本紀』などの6冊の歴史書の総称。「ろく」は呉音で、「りく」は漢音。**×ろっこくし。**

【りくちょう】 昔、中国で、今の南京を都にした6つの王朝の総称。「六朝時代」、「六朝文化が花開く」など。

【やどろく】 妻が夫を軽んじていう言葉。「うちの宿六が～」

隠れた難読漢字「七」を正しく読み分けてください。

七重の塔

七大寺

七十路

七七日

七草粥

【しちじゅうのとう】「七」は、「しち」（音読み）と「なな」（訓読み）の読み分けが、厄介な漢字。これは「しち」。**×ななじゅうのとう。**

【しちだいじ】奈良にある7つの大寺の総称。東大寺、興福寺、法隆寺、薬師寺、元興寺《がんごうじ》、大安寺、西大寺の七寺を指す。**×ななだいじ。**

【ななそじ】よく使う三十路、四十路のほか、六十路は「むそじ」、八十路は「やそじ」と読む。

【なななぬか】人が死んでから49日目の日。「しちしちにち」とも読む。

【ななくさがゆ】これは「なな」と読み、春の七草を入れて炊いた粥のこと。正月7日につくるのがしきたりで、「七種粥」とも書く。**×しちくさがゆ。**

七分づき

【しちぶづき】玄米をつき、7割ほど薄皮をとった状態。×ななぶづき。
なお、桜の「七分咲き」も、「しちぶざき」と読む。

御七夜

【おしちや】子供が生まれてから7日目の祝い。

七曲がり

【ななまがり】これは「なな」と読み、道や坂が何回も折れ曲がっているさま。

憲法十七条

【けんぽうじゅうしちじょう】聖徳太子が制定したとされる古代の〝憲法〟。近代的な意味の憲法ではなく、道徳的な規範が書かれている。×じゅうななじょう。

七月革命

【しちがつかくめい】１８３０年、フランスで起きたブルジョワ革命。18世紀の「七年戦争」も、「しちねんせんそう」と読む。

七卿落ち

【しちきょうおち】幕末、8月18日の政変で、長州寄りの過激派の公家が京都を追われ、長州に落ちのびた事件。×ななきょうおち。

七人の侍

【しちにんのさむらい】黒澤明監督の映画。×ななにん。

七月歌舞伎

【しちがつかぶき】「しちがつ」と読むのが慣例。

鎌倉七口

【かまくらななくち】これは「なな」と読む。山と海に囲まれた鎌倉に入る7つの道の総称。

「はち」か「や」か、「八」を正しく読み分けてください。

八重歯

【やえば】重なって生えた歯。「八重桜」、「八重葎《むぐら》」、「八重咲き」も「やえ」と読む。

八十万

【やそよろず】数がひじょうに多いこと。具体的な数を指しているわけではなく、「八《や》百万《およろず》」と同じ意味。

大八洲

【おおやしま】日本の異称。「大八島」とも書く。

八掛け

【はちがけ、はっかけ】「はちがけ」は8割のこと。「はっかけ」と読むと、着物の裾裏につける布地を意味する。

八頭　【やつがしら】サトイモの一品種。

八寒地獄　【はちかんじごく】亡者を寒さで苦しめる8種類の地獄。×はっかんじごく。

八八艦隊　【はちはちかんたい】旧日本海軍の建艦目標。戦艦8艦、巡洋戦艦8艦を目標としたので、この名がある。実現はしなかった。

八色姓　【やくさのかばね】古代、天武天皇が定めた8種の姓《かばね》。

「九」を正しく読み分けてください。

九十九折　【つづらおり】何重にも折れ曲がった坂道。ツヅラフジの蔓のように折れ曲がったという意味。日光のいろは坂などの形容に使われる。

九品

九輪

九重

九字を切る

九死に一生を得る

【くほん】 極楽浄土を「上品《じょうぼん》」「中品《ちゅうぼん》」「下品《げぼん》」の上中下など、9つの位に分けるもの。なお、「く」と読むのは呉音で、「きゅう」は漢音。

【くりん】 五重の塔などの頂についている輪の形の飾り。

【ここのえ】 幾重にも重なっているさま。また、「九重の内」など、宮中、皇居を意味することもある。これは昔、中国の王城では、門を九重に造ったことから。

【くじ】 護身のため、9つの文字を唱えること。昔、忍者や陰陽師らが唱えたという。**×きゅうじ**。

【きゅうし】 これは「きゅう」と漢音で読み、9割方、命を落としそうな危機から逃れること。

「十」はなかなかの難物。かなりの難読漢字が含まれています。

十戒

【じっかい】 10の戒め。「モーセの十戒」など。十を「じゅう」と読むのは呉音で、「じっ」と読むのは慣用読み。「十」は、熟語の頭についた場合は、慣用音で「じっ」と読むことが多い。

十指

【じっし】 これも「じっ」と読むパターン。10本の指のことで、「十指に余る」、「十指に足りない」などと使う。

十手

【じって】 捕り物に使った道具。「十手を預かる身」、「十手持ち」など。

十把一絡げ

【じっぱひとからげ】 値打ちをよく考えずに、どれもこれもひとまとめにすること。「十把一絡げにしないでくださいよ」など。

十五三一

【とおごうさんぴん】 課税所得の捕捉率を表す俗な言い方。サラリーマンは税務署に所得を10割捕捉され、自営業は5割、農業は3割、政治家は1割だけ捕捉されるという意味。

十八番

【おはこ、じゅうはちばん】最も得意とする芸。歌舞伎の市川家がお家芸とする演目を18選び、台本を「箱」の中にしまったことから。「歌舞伎十八番」。

十露盤

【そろばん】珠《たま》を弾く〝計算機〟。普通は「算盤」と書く。

十一

【といち】高利の金融。10日で利子が1割という意味。

十重二十重

【とえはたえ】幾重にも重なること。「十重二十重に取り囲む」が定番の使い方。

十力

【じゅうりき】仏が持つといわれる10種類の力。×じゅうりょく。

「百」を正しく読み分けてください。

凡百

【ぼんぴゃく】平凡でつまらない、いろいろなもの。「百」を「ぴゃく」と読む珍しい例。

百日紅

百舌

百合鷗

百済

百三十里

百日の祝い

東寺百合文書

【さるすべり】「百」は、難読の動植物名によく登場する漢字。「百日紅」は、7~9月にかけて長期間、紅色の花を咲かせることから、「百日紅」と書くようになった。一方、「さるすべり」という読み方は、樹皮がなめらかで、猿も滑り落ちそうだということからのネーミング。

【もず】モズ科の鳥。「百舌の早贄《はやにえ》」など。

【ゆりかもめ】渡り鳥の一種。別名「都鳥」。

【くだら】昔、朝鮮半島にあった国。「百済観音」など。

【ひゃくさんじゅうり】東海道の異称。江戸から京都まで、おおむねそれだけの距離があることから。「百二十里」ともいう。

【ももかのいわい】子供の生後、100日目の祝い。

【とうじひゃくごうもんじょ】京都の東寺に伝わる古文書。国宝。植物の「百合」は「ゆり」と読むが、これは「ひゃくごう」と読み、文書箱の数の多さを表す言葉。

「千」を正しく読み分けてください。

千々に

千切る

千木

千三つ

千人力

【ちぢに】さまざまに。「思い、千々に乱れる」など。

【ちぎる】小さく切り離すこと。「千切れ雲」など。「契る」（約束する）とは意味の違う言葉なので注意。

【ちぎ】神社の屋根の端に、交差して突き出した材。

【せんみつ】大嘘つき。千に三つしか本当のことを言わないという意味。「万」を使うと、「万八《まんぱち》」という。

【せんにんりき】ひじょうに大きな力。「あなたが助けてくれるなんて、千人力ですよ」など。

万は「まん」か「ばん」か、そこが悩ましい漢字です。

万巻
万々
万人
万戸
万朶

【まんがん】多くの書物のことで、「万巻の書を読み尽くす」など。「万感《ばんかん》」という別の言葉にひきずられ、「ばんかん」と読まないように。

【ばんばん】「万」は、「ばん」が漢音で、「まん」が呉音。「万々」は漢音の重ね読みで、十分に、という意味。「万々、承知いたしました」など。

【ばんじん、ばんにん、まんにん】いずれの読み方も間違いではないが、すべての人という意味では、今は「ばんじん」と読むことが多い。「万人受けする商品」など。

【ばんこ】多くの家々。「万古」も同様に「ばんこ」と読み、こちらは、昔からずっと、という意味。

【ばんだ】数多くの花がついた枝。「朶」には「えだ」という訓読みがある。「万朶の桜」などと使う。

万死

万年

万病

【ばんし】生きる見込みがないこと。「万死に値する」など。他に、万国、万世、万策、万物、万端、万能、万般、万夫、万民、万緑、万里などは、「ばん」と読む。

【まんねん】これは「まん」と読み、ひじょうに長い歳月のこと。「亀は万年」、「万年係長」、「万年最下位」など。

【まんびょう】いろいろな病気。今では、「風邪は万病のもと」という言葉、ほぼ専用の語。

コラム　〝漢数字語〟には、こんな言葉もあります。ご存じですか？

ト一【といち】「上」をトと一の二文字に分解した隠語で、上等の物という意。

二九【にく】２×９で18。つまりは、娘盛りのこと。

二至【にし】夏至と冬至をまとめていう言葉。「両至」ともいう。

二捨三入【にしゃさんにゅう】省略算で、２以下は切り捨て、３～７は５に、８、９は切り上げる方法。

三六協定【さんろくきょうてい】労働基準法第36条に基づき、労使間で結ぶ勤務時間に関する協定。△さぶろくきょうてい。

本四【ほんし】本州と四国の略。「本四連絡橋」、「本四備讃線」など。

第四権力【だいよんけんりょく】立法、行政、司法の「三権」につづく権力という意味で、マスメディアのこと。

吉四六話【きっちょむばなし】九州に伝わるとんち話。「きっちょむ」は、吉右衛門という名が訛った言葉。

第五列【だいごれつ】 敵方に内通する者のこと。1930年代のスペイン内戦の時代、4個部隊を率いていたフランコ派の将軍が、敵中にもう一部隊（5番目の部隊）いると発言したことに由来する言葉。

五つの文字【いつつのもじ】 古来、中国で言われた、女性の守るべき5つの徳目の総称で、清・貞・美・譜・胎のこと。

五一【ぐいち】 サイコロ博打の世界では、5の目を「ぐ」と呼ぶ。「五一」はサイの目が5と1と出ること。「五二」は「ぐに」。

五八の賀【ごはちのが】 5×8＝40で、40歳の祝い。

五の字【ごんのじ】 酒5合の隠語。

六の花【むつのはな】 雪の異称。雪の結晶の形が六弁の花のようであることから。

六根懺悔【ろっこんさんげ】「六根」（目、耳、鼻などの6つの感覚）に生じる罪障を懺悔すること。この語では、「さんげ」と濁らずに読む。

七飾り【ななかざり】 書院の飾り。硯《すずり》、水入れ、軸物、水瓶など、7種類の物を指す。

八耐 **【はちたい】** 鈴鹿8時間耐久ロードレースの略。

八里半 **【はちりはん】** 焼き芋の異称。栗（くり＝九里）に近い味というシャレ言葉。「九里四里《より》うまい十三里」という地口《じぐち》もあり、「十三里」もサツマイモの異称。

八万四千 **【はちまんしせん】** 仏教で、数が多いことを示す数字。「八万四千の煩悩」など。

逆九九 **【ぎゃくくく】** 掛け算の九九で、「五三、十五」のように、大きな数字を先にいう九九。

九五の位 **【きゅうごのくらい】** 天子の位。易で、九を陽数、五を君位の数とすることから。

九二一 **【ぐにいち】** 火縄銃に用いた火薬の配合割合を表す語。硝石、硫黄などを9：2：1の割合で配合したことから。

丸十 **【まるじゅう】** サツマイモのこと。「丸に十の字」と呼ばれる薩摩藩の紋に由来する俗称。

百会 **【ひゃくえ】** 頭のてっぺんにあるツボ。頭痛などに効くとされる。

7章

気、合、間——低学年で習うのに、一癖も二癖もある漢字

「き」か「け」か、「気」を読み分けてください。

気怠い
気圧される
気取る
気配

【けだるい】「気」は、「き」が漢音で、「け」が呉音。「気怠い」は、何となくだるいこと。「気怠い昼下がり」などと使う。

【けおされる】相手の勢いに圧倒される。「気迫に気圧される」など。

【きどる、けどる】「きどる」は、体裁を飾ったり、もったいぶるさま。「気取った態度」、「気取って歩く」などと使う。一方、「けどる」と読むと、感づくことで、「敏感に気取る」、「気配を気取られる」など。

【けはい】何となく感じられる様子。もとは「けわい」という古語で、「気配」と書くのは当て字。「あたりの気配をうかがう」、「冬の気配を感じる」など。

気風

【きふう、きっぷ】「きふう」は、ある集まりに共通する気質。「尚武の気風」など。一方、「きっぷ」と読むと、個人の話になり、その人の気質。「気風がいい」などと使う。

気骨

【きこつ、きぼね】「きこつ」は、信念を貫く強い心のこと。「気骨がある人物」など。一方、「きぼね」は気苦労のことで、「えらい人との付き合いは気骨が折れる」など。

気位

【きぐらい】プライドのこと。「気位が高い人物」など。

「ごう」か「がっ」か「あい」か、「合」を読み分けてください。

合評

【がっぴょう】「合」を「ごう」と読むのは呉音で、「がっ」は慣用読み。漢音では「こう」と読むが、日本語ではほとんど見かけない。「合評」は、何人かで作品などを批評し合うこと。「小説の合評会」など。

合作
合筆
合印
風合
合羽
帳合

【がっさく】共同して、ひとつのものをつくること。「国共合作」など。

【がっぴつ】数筆の土地を合わせて、一筆にすること。他に、合宿、合唱、合奏、合致、合体、合点、合併、合本、合衆国は「がっ」と読む。

【あいいん】帳簿、書類を照らし合わせたときなどに、しるしとして押す印。「合判《あいはん》」、「合間」も、「あい」と訓読みにする。

【ふうあい】生地などの触った感じ、見た感じ。「絹のような風合」などと使う。

【かっぱ】雨を防ぐためのマント。「雨合羽」、「縞の合羽に三度笠」など。なお、空想上の動物のカッパは「河童」と書く。

【ちょうあい】帳簿と現金・在庫を突き合わせ、合っているかどうかを調べること。

〝多音多訓〟の「間」を正しく読み分けてください。

間服

間髪を容れず

間鴨

間の手

山間

【あいふく】「間」は音読みが「かん」と「けん」。訓読みが「あいだ（あい）」、「ま」などと読む、〝多音多訓〟の厄介な漢字。「間服」は、冬服と夏服の「間」の春・秋に着る服。「合服」とも書く。

【かん、はつをいれず】たちまち、一瞬もおくことなく。〝かんぱつ〟と読まないように。「かん、はつをいれず」と区切って読むのが正しい。

【あいがも】マガモとアヒルを掛け合わせた食用にする鳥。「合鴨」とも書く。**×まがも**。「まがも」と読むのは「真鴨」。

【あいのて】会話や歌の間にはさむ言葉や手拍子。ただし、近頃は「合いの手」と書くことが多くなっている。

【さんかん、やまあい】どちらの読み方でも、山と山の間のこと。なお、「谷間」は「たにま」とも「たにあい」とも読み、「幕間」は「まくま」ではなく、「まくあい」と読む。

指呼の間

【しこのかん】 呼べば、すぐに答えが返ってくるほどの近い距離。**×ま。**

間竿

【けんざお】 建築現場で用いる長さ1間《けん》（約1・8メートル）以上の長い物差し。

〝多訓〟の「止」を読み分けてください。

止める

【とめる、とどめる、やめる】 「止」は訓読みが多い〝多訓漢字〟。場合に応じて読み分けたい。たとえば、「歩みを止める」は「とめる」でもいいが、「とどめる」と読んだほうが、格調が高くなる。

哀れを止める

【とどめる】 これは「とどめる」と読む。不幸な姿を人に見せるときに使われ、「哀れを止める落ちぶれよう」などと使う。

止めを刺す

【とどめ】 完全に息の根を止めること。もとは、文字通り、刃物などで刺して息の根を止めることを意味した。

止んごとない

【やんごとない】 身分がきわめて高いさま。放っておけないという意から、ひじょうに重要という意味が生じた。「止んごとなきご身分」、「止んごとないお姫様」などと使う。

止み難い

【やみがたい】 おさえきれない。「胸中、止み難い思いが去来する」など。

止す

【よす】 やめる、中止する。「冗談は止しなさい」など。

燃え止し

【もえさし】 燃えきらずに残ったもの。燃え残り。「材木の燃え止し」など。「飲み止し」、「読み止し」も「～さし」と読む。

「かく」か「が」か、「画」を正しく読み分けてください。

画一的
画する
画期的
画餅に帰す

【かくいつてき】「画」は、絵に関係するものは「が」と読み、その他は「かく」と読むと覚えておくと、ほぼ間違いない。たとえば、絵以外の言葉、区画、計画、企画、参画、画定、画策、画数は、「かく」と読む。なお、「かく」は漢音で、「が」は慣用読み、意外なことに「え」は訓読みではなく、呉音。

【かくする】線を引いて区切ることで、「一線を画する」など。あるいは、計画を立てる、企てるという意味でも使われる。

【かっきてき】一時期を画するという意味で、具体的には、今まではなかったという意味で使われる。「画期的な作品」、「画期的な出来事」など。

【がべいにきす】これは「絵」関係なので、「が」と読み、意味は、無駄骨を折るだけに終わること。「がへい」と読んでもOK。

「数」を正しく読み分けてください。

数奇

数寄

数物

数の子

【すうき、すき】もとは「不運」という意味だが、今は単に不運なだけでなく、浮き沈みが激しい、波瀾万丈、という意味で使われている。「数奇な運命」、「数奇な人生」のように。なお、「すき」とも読むが、その意味については、次項の「数寄」で紹介。

【すき】風流を好むこと。「数寄屋造り」、「数寄者」、「数寄を凝らす」など。「好き」に当て字した語。こちらは、「すうき」とは読まないし、その意味にも使わない。

【かずもの】数多く作られた安物、粗悪品のこと。骨董の世界では、「時代は古いのですが、数物なので、お安いんですよ」などと使われる。

【かずのこ】ニシンの卵を干した食べ物。方言で、ニシンを「カド」と呼び、「カドの子」がなまった言葉。

亡き数に入る

【なきかずにいる】 死ぬこと。なお、この「入る」は「はいる」ではなく、「いる」と読む。

数え日

【かぞえび】 年末、指で数えられるぐらい、一年の残りの日が少なくなった時期。

「角」を正しく読み分けてください。

角笛

【つのぶえ】 動物の角でつくった笛。「角」は「かど」「つの」「すみ」と、訓読みが3つもある〝多訓漢字〟なので、うっかり読み間違えないように。

一角

【ひとかど、いっかく】 「一角」は、いろいろな意味に使われる言葉で、「一角《ひとかど》の人物」というと「なかなかの〜」という意味。一方、「氷山の一《いっ》角《かく》」は「片隅」という意味で使われている。また、文字どおり「一本の角」という意味もあり、「一角獣」などと使われる。

目角を立てる

角突き合わせる

【めかど】鋭く見つめること。「目角」は目の端のことで、そこを吊り上げるようにする（立てる）さまから。「目くじらを立てる」と同じ意味。

【つのつきあわせる】仲が悪く、たびたびけんかをする様子。「顔を合わせるたび、角突き合わせる仲」など。

「ぎょう」か「こう」か「あん」か、「行」を読み分けてください。

行状

行年

【ぎょうじょう】日々の行い。「行状記」など。「行」を「こう」と読むのは漢音、「ぎょう」は呉音。「あん」は、比較的新しい唐音。

【こうねん】生まれてからの年。つまりは、年齢のことで、「行年八十二」といえば、数え年の82歳で亡くなったという意味。この場合、「行年八十二歳」のように、「歳」をつけると、本来は誤用になるが、目くじらを立てるほどの間違いではないという意見もある。「ぎょうねん」とも読む。

行水
行在所
知行

【ぎょうずい】体に水や湯をかけ、汗などを流すこと。「烏《からす》の行水」など。

【あんざいしょ】天皇の仮の御殿。「行宮《あんぐう》」も同じ意味。

【ちぎょう、ちこう】「ちぎょう」は封建時代、家臣に支給された土地、俸禄。「知行を得る」など。一方、「ちこう」と読むと、知識と行動。

「来」を正しく読み分けてください。

来し方
来る

【こしかた】通りすぎてきた過去。「来し方行く末」は、過去と未来という意味。「来し方に思いを馳《は》せる」など。

【くる、きたる】本来は「きたる」も「来る」と書くが、「くる」と区別するため、「来たる」と書くことが増えている。意味は、今度来ることで「来る7月7日」など。

出来

【でき、しゅったい】「でき」と読むと、できぐあいのことで、「出来不出来」、「上出来」など。一方、「しゅったい」は「しゅつらい」が音変化した語で、物事ができあがること。出版界では「増刷出来《しゅったい》」は、うれしい言葉。

行き来

【ゆきき】人と付き合うこと。往来。「長年、行き来している関係」など。「いきき」とも読む。

帰去来

【ききょらい】故郷に帰るため、ある地を去ること。中国六朝時代の詩人、陶淵明の詩「帰去来辞」に由来する言葉。

「げん」か「がん」か「もと」か、「元」を読み分けてください。

元朝

【げんちょう、がんちょう】「元」は、漢音が「げん」で、呉音が「がん」。「げんちょう」は、モンゴル族が打ちたてた元王朝のこと。一方、「がんちょう」と読むと、元旦（元日の朝）のこと。

元帥
【げんすい】軍人の最高位。「マッカーサー元帥」、「東郷元帥」など。「帥」には「ひきいる」という訓読みがある。

元利
【がんり】元金と利子。「元利合わせて、○○円になります」のように使う。×げんり。

元高
【もとだか】利息計算のもととなる元金の額など、基準となる数字。

元帳
【もとちょう】元となる帳簿。企業会計では、複式簿記の主要簿である総勘定元帳を指すことが多い。

「首」を正しく読み分けてください。

首肯く
【うなずく】首を縦に振ること。「頷く」とも書く。

首途
【かどで】旅立つこと。「人生の首途」など。普通は「門出」と書く。

首長

首実検

匕首

素首

【しゅちょう、くびちょう】 自治体などのトップ。俗に「くびちょう」と読むのは、「市長」との聞き間違いを避けるため。

【くびじっけん】 討ち取った首を大将が見ること。そこから、比喩的に、じかに会って、相手の力量をはかったりすること。なお、ワープロソフトで「くび・じっけん」と分けて打つと、「首実験」と誤変換しやすいので注意。

【あいくち】 鍔《つば》のない短刀。「相手の喉元に、匕首を突きつける」など。

【そくび】 人の首。「素っ首」は「そっくび」と読む。

「切」を正しく読み分けてください。

切ない

切々たる

一切合切

合切袋

切支丹

【せつない】 胸がしめつけられるようにつらいさま。「切ない思い」などと使う。なお、「切《せつ》なる」は意味の違う言葉で、心からのという意味。「切なる願い」など。「切ない願い」は、よく見かける誤用。

【せつせつたる】 これは「切なる」のほうに意味が近く、声や言葉などが心に迫るさま。「切々たる訴えが胸に響く」など。

【いっさいがっさい】 すべて、残らず。「一切」、「合切」だけでも、同じ意味がある。「一切合切を投げ棄てる」など。

【がっさいぶくろ】 携帯品を入れるための手提げの袋。信玄袋のこと。

【キリシタン】 戦国時代、日本に伝わったキリスト教の信者。「吉利支丹」とも書く。「隠れ切支丹」、「切支丹大名」など。

「矢」を正しく読み分けてください。

一矢を報いる

矢面

嚆矢

矢鱈

矢庭に

【いっし】 攻撃・非難を受けたとき、わずかながらでも反撃すること。もちろん、「一矢」は1本の矢のこと。**×いちや**。

【やおもて】 矢の飛んでくる正面。「矢面に立つ」は、非難や質問の集中する立場に身を置くこと。

【こうし】 物事の始まり。「嚆」には「さけぶ」という意味があり、もとは、放つと音が鳴る鏑矢《かぶらや》のこと。開戦時、敵陣に向かって鏑矢を放ったことから、始まりという意味が生じた。「〇〇の嚆矢となる」（始まりとなる）という形で使うことが多い。

【やたら】 むやみに。「矢鱈漬」は、いろいろな野菜をきざんで漬けた漬物。

【やにわに】 いきなり、ただちに。「矢庭」は、もとは矢が飛び交うような場のこと。

「音」を正しく読み分けてください。

知音

母音

遠音

音物

初音

音沙汰

【ちいん】知り合い、友人。「音」は、「おん」と読むのが呉音で、「いん」が漢音。

【ぼいん】発音器官でつくられる音のひとつで、「アイウエオ」など。対義語は「子音」。他に、「訃《ふ》音《いん》」、「無《ぶ》音《いん》」も、「音」を「いん」と読む。

【とおね】遠くから聞こえてくる音。「遠音に響く鐘の音」など。

【いんもつ】贈り物、進物のこと。「いんぶつ」と読むこともある。

【はつね】その年、初めて聞く鳴き声。「鶯《うぐいす》の初音」など。

【おとさた】便り、音信。おもに「音沙汰がない」という形で使う。

「声」を正しく読み分けてください。

大音声

声明

地声

声々に

【だいおんじょう】「声」は、「せい」が漢音で、「しょう」が呉音。「大音声」は、大声のこと。「大音声で、名前を呼ばわる」など。

【せいめい、しょうみょう】「せいめい」は、自分の意見や立場を表明することで、「政府声明」、「声明文」などと使う。一方、「しょうみょう」は、仏教の経文に節をつけて読み上げる声楽。「僧侶が声明を唱える」など。

【じごえ】その人本来の声。他に、濁声《だみごえ》、小声、産声、鬨《とき》の声、売り声、掛け声などは、「こえ（ごえ）」と訓読みにする。

【こえごえに】口々に。「声々に叫ぶ」など。

「ほん」か「もと」か、「本」を正しく読み分けてください。

本絹

本寸法

本紀

本卦帰り

本に

【ほんけん】まじりけのない絹糸、絹織物のこと。「正絹《しょうけん》」ともいう。

【ほんすんぽう】本来の寸法（基準）に従っていること。今は、「本寸法の芸」、「本寸法の古典落語」など、芸事や古典芸能に関して使うことが多い。

【ほんぎ】正史で、帝王の事跡について書いた部分。「ぎ」と濁って読む。

【ほんけがえり】本来は「還暦」のこと。今は、本来の性分に戻るという意味や、「本家」との混同もあるのか、古巣に戻るという意味でも使われている。

【ほんに】本当に。「本に、困ったことです」など。また、「本《ほん》の」は、ただそれだけ、という意味。今は、ともに平仮名で書くのが普通。

本歌

【もとうた、ほんか】「もとうた」は、替え歌のもととなる歌。「ほんか」は、古歌をもとに和歌をつくるとき、もとにする歌。「本歌取《ど》り」など。

「時」を正しく読み分けてください。

時化

【しけ】風雨が強く、海が荒れること。転じて、不景気なさま。「時化空」、「時化た話」、「時化た店」などと使う。

時雨

【しぐれ】降ったり止んだりする弱い雨。「過ぐる」から派生した言葉で、通り雨のこと。今は、おもに晩秋から初冬にかけて降る雨に使う。比喩的に、しばらく続くことの形容に使い、「蟬時雨」など。

時鳥

【ほととぎす】カッコウ科の鳥。「不如帰」、「杜鵑」とも書く。そのなか、徳冨蘆花の小説は『不如帰』と書く。一方、正岡子規が主宰した俳句雑誌はカタカナで『ホトトギス』と書く。

時しも

【ときしも】ちょうどそのとき。「時しもあれ」など。この「し」は強調の助詞。

「会」を正しく読み分けてください。

会得

【えとく】物事の真髄などを十分に理解し、自分のものにすること。「奥義を会得する」など。

会者定離

【えしゃじょうり】会った者は、かならず別れる運命にあるということ。「会者定離は世の定め」など。

万灯会

【まんどうえ】多数の灯火をともして行う法会《ほうえ》。

放生会

【ほうじょうえ】捕らえた生き物を山野や池に放つ儀式。このように、仏教の儀式では、おおむね「会」を「え」と読む。

8章

四字熟語や成句に含まれる1・2年の漢字

誤読しやすい四字熟語です。読んでください。

一目十行

×ひとめじゅうぎょう→○いちもくじゅうぎょう

「一目で、十行の文章を読む」力があるという意味で、文章を読む力がすぐれていること。一方、「一目千本」は「いちもく〜」ではなく、「ひとめせんぼん」と読む。千本の桜が一目で見渡せるという意味で、奈良の吉野の代名詞のような言葉。

一世一代

×いっせいいちだい→○いっせいちだい

この語と「一世一度」は、「いっせい」ではなく、「いっせ」と読む。意味は、一生のうち、一度であること。歌舞伎では、名優が演じおさめとして、最後に得意の芸を披露することを指す。「一世一代の晴れ姿」など。

一世一元

×いっせいちげん→○いっせいいちげん

一人の天皇の御代に、元号はひとつという意味。「明治時代以降は一世一元」など。この語と「一世風靡《ふうび》」は「いっせい」と読む。

一朝一夕

×いっちょういちゆう→○いっちょういっせき

短い時間のこと。「一朝一夕で、片づくような問題ではない」、「一朝一夕の努力でできることではない」などと使う。

十中八九

×じゅっちゅうはっく→○じっちゅうはっく

10のうち8か9は。かなりの高確率で。

怪力乱神

△かいりきらんしん→○かいりょくらんしん

『論語』の「子は怪力乱神を語らず」という一節で、有名な言葉。「怪」は不思議なこと、「力」は武に関すること、「乱」は倫理を乱すこと、「神」は神秘的な存在を意味する。なお、ワープロソフトでは、続けて打っても〝怪力乱心〟と出ることがあるので注意。

知行合一

×ちぎょうごういつ→○ちこうごういつ

明の儒学者・王陽明が唱えた陽明学の核心ともいえる言葉。真に「知る」こととは、「実行」を伴うものだとする考え方。この考えに従い、陽明学者でもあった大塩平八郎は乱を起こした。

天上天下

△てんじょうてんか→○てんじょうてんげ

すべての世界のこと。釈迦が生まれてすぐに口にしたという「天上天下唯我独尊」など。「てんじょうてんか」とも読むが、辞書は「てんげ」を見出し語にしていることが多い。

小雨決行

×こさめけっこう→○しょううけっこう

「こさめけっこう」と読むのは間違いなのだが、そのほうが意味がわかりやすいためか、そう読む人が多い言葉。雨が降っても、小雨なら、野外行事などを予定どおり行うという意味。

「生」の読み方がカギになる四字熟語です。

生々流転

【しょうじょうるてん】万物が生まれ変わりを繰り返しながら、変化しつづけること。「せいせいるてん」とも読むが、辞書は「しょうじょうるてん」を見出し語にしていることが多い。

生老病死

生者必滅

生々世々

生得観念

輪廻転生

【しょうろうびょうし】 仏教で、苦悩のもととされる4つの苦（四苦）をまとめた言葉。生まれること、老いること、病気になること、死ぬことを指す。**×せいろうびょうし**。

【しょうじゃひつめつ】「生者」は生きている者、「必滅」は必ず滅びることで、この世に生きる者は、必ず死ぬということ。世の無常さを表す仏教語。「生者」を「せいじゃ」と読まないように。

【しょうじょうせぜ】 人間を含めた生き物は、生まれ変わり、死に変わりして、世の中に現れること。

【せいとくかんねん】 経験によって得るのではなく、人間が生まれながらにして備えている観念。**×しょうとくかんねん**。

【りんねてんしょう】 生き物が生まれ変わりを繰り返すこと。**×りんねてんせい**。なお、山田風太郎の小説『魔界転生』は、「まかいてんしょう」と読む。

「九」の読み方がカギになる四字熟語です。読んでください。

面壁九年

三拝九拝

九分九厘

九寸五分

九尺二間

【めんぺきくねん】 禅宗の始祖、達磨大師が壁に向かって九年間、座禅を組み、悟りを開いたという故事にもとづく言葉。ひとつの物事に専念し、辛抱強く努力すること。「面壁九年、開発に成功する」など。**×きゅうねん。**

【さんぱいきゅうはい】 人に物事を頼むときに、繰り返しお辞儀をすること。「三拝九拝して、頼み込む」など。**×さんぱいくはい。**

【くぶくりん】 １００のうち99。「九分九厘、間違いない」、「九分九厘、ダメでしょう」など。「きゅうぶきゅうりん」と読まないように。

【くすんごぶ】 匕首《あいくち》の異称。その長さが九寸五分であったことから。

【くしゃくにけん】 狭い家のたとえ。間口が九尺、奥行きが二間しかないという意味。「九尺二間の長屋住まいから成り上がる」など。

引きつづき、いろいろな漢数字が関係する四字熟語です。読んでください。

一日千秋

一木一草

一衣帯水

【いちじつせんしゅう】 一日が千年に思えるほど、待ち遠しいこと。「千秋」は千年という意。「一日三秋《さんしゅう》」という誇張が控えめな言葉もある。「いちにちせんしゅう」と読む人が多いが、『広辞苑』などの辞書は、「いちじつせんしゅう」を見出し語にしていることが多い。

【いちぼくいっそう】 一本の木、一本の草。そこから、ごくわずかなもののたとえとして使い、「一木一草に至るまで」などと使う。「いちもく」と読まないように。

【いちいたい・すい】 狭い水域（海や川）に隔てられているものの、距離は近いこと。「日韓は一衣帯水の関係」などと使う。「衣帯」は帯のことで、「一衣帯」は一本の帯のように狭いという意。そのため、「いちい・たいすい」ではなく、「いちいたい・すい」のように区切って読むのが正しい。

一新紀元

三草四木

四百余州

四百四病

四海兄弟

五風十雨

【いち・しんきげん】ひとつの新しい時代。「新紀元」でひとつの言葉なので、「いっしん・きげん」ではなく、「いち・しんきげん」のように読むのが正しい。

【さんそうしぼく】重要な栽培植物の総称。「三草」は麻、紅花、藍。あるいは麻、藍、木綿を指す。一方、「四木」は茶、桑、漆、楮《こうぞ》のこと。

【しひゃくよしゅう】広大な中国全土の別称。一方、日本は「六十余州」で、日本全土という意味になる。

【しひゃくしびょう】人がかかるすべての病気。なお、「四百四病の外《ほか》」というと、「恋の病」のこと。

【しかいけいてい】『論語』の「四海之内皆兄弟也」という一節に由来する言葉。四海（天下）の者は、みな兄弟のようなものなので、慈しみあい、仲良くすべしという意味。**×しかいきょうだい**。

【ごふうじゅうう】五日ごとに風が吹き、十日ごとに雨が降ること。気候が順調で、天下太平という意味がある。

七日正月

【なぬかしょうがつ】 1月7日のこと。正月の終わりの日であり、この日、門松をはずすなど、正月行事をしめくくる。

1・2年で習う漢字がカギを握る四字熟語です。正しく読めますか。

自今以後

【じこんいご】「これから」を重々しくいう言葉。「自今以後、よろしくお引回しのほど、お願い申し上げます」などと使う。

西方浄土

【さいほうじょうど】 人間界の西方、十万億土にあるとされる極楽浄土のこと。仏教関係の言葉は、「西」を呉音の「さい」と読むことが多いが、これもその例。

白河夜船

【しらかわよふね】 ぐっすり寝込み、何が起きても気づかないこと。あるいは、見てないのに見たふりをする意。「京都を見た」と言った者が、「白河はどうだったか」と尋ねられ、川の名前だと思い、「夜、舟で通ったので知らない」と答えたという話に由来する。**×しろかわ、×やふね。**

左見右見

【とみこうみ】いろいろな向きから見るさま。あるいは、いろいろな方面に気を配るさま。「左見右見しながら歩く」など。「と見かく見」が音便化した語に、「左見右見」と当て字した言葉。

東西東西

【とざいとうざい】興行などで、口上を述べる前に、客席に呼びかけるための言葉。最初の「東西」を「とざい」と縮めて読む。

悪人正機

【あくにんしょうき】浄土真宗の祖、親鸞《しんらん》の思想の大もとになる概念で、阿弥陀如来の本願は「悪人」の救済にこそあるという説。この「悪人」は、悪事を働く者のことではなく、仏教的な意味で罪深い凡人を意味する。後半の「正機」は、仏の救済を受ける性質を備えているという意味。

読み間違いやすい三文字の熟語です。読んでください。

生世話

【きぜわ】「生世話物」の略。歌舞伎の世話物（町人社会を舞台とする芝居）のうち、世情を生々しくあらわす作品を表す言葉。

短日月

月命日

歩一歩

画中画

七所祝

空一面

地母神

【たんじつげつ】 わずかな日数。「短時日」と同じ意味で、「短日月で完成に漕ぎつける」、「短日月では無理な話だ」などと使う。対義語は「長日月」。

【つきめいにち】 月一回訪れる故人が亡くなった日と同じ日付の日。一方、「祥月命日」は、故人の命日と、月も日も同じ日で、年に一回。

【ほいっぽ】 一歩ずつ、着実に。「歩一歩と目標に近づく」などと使う。なお、同じ〝形〟の「刻一刻」は、しだいしだいに、という意味。

【がちゅうが】 絵の中に描かれた絵。「フェルメールの画中画が暗喩するものは〜」など。

【ななとこいわい】 7歳の子が7軒の家から、正月7日に、雑炊をもらって食べる風習。

【そらいちめん】 空全体のことで、「空一面、黒雲に覆われる」などと使う。うっかり「からいちめん」と読まないように。

【じぼしん】 母なる大地の神。多産と豊穣の女神。

江戸店

【えどだな】 江戸時代、上方商人らが江戸に出した店。**×えどみせ。**

平目筋

【ひらめきん】 ふくらはぎにある筋肉。魚のヒラメに似た形をしている。

母平均

【ぼへいきん】 統計学などで、母集団の平均値のこと。

夏上下

【なつかみしも】 昔、夏に着た薄物のかみしものこと。

「頭」のつく成句です。正しく読み分けてください。

頭が高い

【ずがたかい】 態度が大きいこと。「頭」は、成句によって「かしら」「あたま」「ず」「かぶり」など、いろいろな読み方をし、これは「ず」。

頭を垂れる

【こうべをたれる】 頭を下げることで、「神に頭を垂れる」などと使う。「こうべ」は「上辺《かみへ》」が変化した語。なお、「頭《こうべ》をめぐらす」は後ろを振り向くこと。

頭の霜

【かしらのしも】この「頭」は「かしら」と読み、白くなった頭髪のこと。×あたまのしも。「頭《かしら》の雪」も同じ意味。

頭を振る

【かぶりをふる】否定する。不同意、不承知を示す。×あたまをふる。

正直の頭に神宿る

【こうべ】このことわざでは「こうべ」と読む。最後は、正直者に幸いが訪れるという意。

「一」が登場する成句です。正しく読んでください。

一言もない

【いちごん】「一言」はいろいろな読み方をする語で、「一言もない」は「いちごんもない」と読み、言い訳のしようがないという意。ところが、「お詫びの一言もない」という形では、「ひとこと」と読む。

一言一行

【いちげんいっこう】これは「一言」を「いちげん」と読む。ひとつの言葉、ひとつの行動という意味で、「一言一行に注意する」、「一言一行を慎む」のように使う。「一言居士《こじ》」も「いちげん」と読む。

腹に一物

【いちもつ】心中に、よくない考えを隠し持つこと。**×いちぶつ**。「腹に一物、手に荷物」という地口は、「いちもつ」と読むからこそ、成り立つ語呂合わせ。

志を一にする

【いつ】気持ちをひとつにする。「心を一にする」、「揆《き》を一にする」など、同じにする、ひとつにするという意味に使う場合は、「いつ」と読む。

一期と思う

【いちご】死生をともにしようと思う。「一期」は「一期一会」とも使うように、一生涯という意味。**×いっき**。

責め一人に帰す

【いちにん】責任は一人（おおむねリーダー、トップを指す）にあること。「攻め」と書かないように。

誤読しやすい成句です。読んでください。

野に下る

【やにくだる】 官を辞して、民間人になること。**×のにくだる。**「在野」など、「野」が民間を意味するときは「や」と読む。

音をあげる

【ねをあげる】 困りきって、弱音をはくこと。**×おと。** なお、「虫の音」や「鐘の音」も「ね」と読みたい。

空をつかむ

【くうをつかむ】 何もないところで、手を握りしめるさま。また、「空を切る」も「くう」と読み、「バットが空を切る」といえば、空振りすること。

主ある花

【ぬしあるはな】「主」は「しゅ」や「あるじ」とも読むが、この成句では「ぬし」と読み、決まった男性のいる若い女性のこと。なお、「お主」は「おぬし」と読む。

この世の外

【このよのほか】 あの世、来世。「この世の外の者」は幽霊、死霊のこと。

大事になる

【おおごとになる】 大きなトラブル、問題に発展すること。同じ意味の「大事に至る」は「だいじ」と読む。

生さぬ仲

【なさぬなか】 血のつながっていない義理の親子。「成さぬ仲」と書かないように。

夜を徹して

【よをてっして】 ×よるをてっして。意味は、一晩中眠らずに。

人の噂も 七十五日

【しちじゅうごにち】 「七十五日」はひとつの季節の長さを表している。「ななじゅうごにち」と読まないように。

何人たりとも

【なんぴとたりとも】 誰であっても、という意。「人」を「ぴと」と読む珍しい例。×なんびとたりとも。

魚心あれば、水心あり

【うお、こころあれば、みず、こころあり】 この成句に関して、「魚心、水心って、どんな心?」と疑問に思ったことはないだろうか。本来は、「うお、こころ」のように区切って読み、「魚に心あれば、水にも心がある」という意味にとるのが正解。「魚心」「水心」と続けて熟語のように読む誤読が定着し、意味もわかりにくくなった言葉。

竹馬の友

【ちくばのとも】幼なじみのこと。幼い頃、一緒に竹馬に乗って遊んだ仲という意味。**×たけうまのとも**。また、「竹馬の昔」というと、幼い頃のこと。

兄弟は手足たり

【けいていはしゅそくたり】兄弟は、自分の手足のように、かけがえのない大切な存在であるという意味。**×きょうだい、×てあし**。なお、「兄弟《けいてい》は左右の手なり」は、よく似た言葉だが、意味は違い、兄弟は左右の手のように助け合いなさいという意味。

水草生う

【みずくさおう】3月頃、池や沼に水草が生えてくるさま。春の季語。「生う」で「おう」と読み、「生い立ち」にも使われている。

1・2年の漢字の「表外訓」を中心とする動詞です。読んでください。

食み出す

【はみだす】範囲の外に出る、上限を超えるという意味の「はみ出す」は、漢字ではこう書く。「欄外に食み出す」、「路上に食み出す」など。

思しい

【おぼしい】思われる。「犯人と思しき人物」など。

相見える

【あいまみえる】対面する。互いに顔を合わせる。×あいみえる。

草する

【そうする】下書きを作る。原稿を書く。「起草する」と同様の意味。

長ける

【たける】熟達する、たけなわになるという意味で、「世事に長ける」、「春が長ける」などと使う。また、「年長《とした》ける」は、年をとっていること。

長じる

【ちょうじる】こちらは、音読みにする。成長する、すぐれていること。

(天下を)二分する

【にぶんする】ふたつに分けることで、「天下を二分する形勢」など。なお、「二分」は金銭の単位としては「にぶ」、時間では「にふん」と読む。

目論む

【もくろむ】計画する、企む。「起業を目論む」、「目論見書」など。

水温む

【みずぬるむ】川や池の水が温かくなるさま。春の季語。

多とする

【たとする】価値あるものと認めること。「結果はどうあれ、努力を多とする」のように使う。

行った

【いった、おこなった】現在形では、「行《い》く」と「行《おこな》う」では、送り仮名が違うが、過去形になると、ともに「行った」になり、文脈によって、読み分けることが必要になる。

通った

【とおった、かよった】これも、現在形では、「通《とお》る」、「通《かよ》う」と送り仮名が違うが、過去形では同じ形になるケース。他に、「断る」と「断つ」も、現在形では送り仮名が異なるが、過去形はともに「断った」になる。

さまざまに形容する言葉です。読んでください。

一向

【ひたすら】いちずに。「一向に努力する」などと使う。「只管」とも書く。

見す見す

体を成さない

生っ白い

白茶ける

白々しい

先ず

先達て

【みすみす】「みすみすとり逃す」、「みすみすチャンスを見送る」などと使う「みすみす」は、漢字ではこう書く。目の前で見ていながら、知っていながら、という意味。

【ていをなさない】形にならない。他に、「体のいい言葉」、「体よく断る」、「這《ほ》う這うの体」は、「体」を「てい」と読む。

【なまっちろい】やけに白いこと。「っ」のない「生白い」は、「なまじろい」と読む。

【しらちゃける】色あせて、白っぽくなるさま。「白茶けたポスター」など。**×しろちゃける。**

【しらじらしい】本心でないことが見え透いている。「白々しいお世辞」など。興ざめという意味でも使い、「白々しい雰囲気」など。

【まず】はじめに。「先ず以《もっ》て」など。また、「先ず先ず」は、許せる範囲内であるさまを表し、「先ず先ずの出来」、「先ず先ずの成績」など。

【せんだって】先日は。「先達て、お伝えしたように～」などと使う。「先立って」とも書くが、こちらは「さきだって」と読むことが多い。

目映い

一方ならず

言がまし

天から

【まばゆい】 まぶしいさま。「眩い」とも書く。「朝の目映い光」など。

【ひとかたならず】 ひととおりではなく、たいへん。「在職中は一方ならず、お世話になりました」など。

【ことがまし】 口やかましいこと。難しい漢字を使うと、「言囂し」と書く。一方、「事がまし」は意味の違う言葉で、おおげさ、ぎょうぎょうしいという意味。

【てんから】 「てんから間違っている」、「てんから相手にしない」などと使う「てんから」は、漢字ではこう書く。最初から、頭から、という意味。

9章

明、直、形——小学2年を代表する難読漢字

「明」を正しく読み分けてください。

明朝

明月

明日

今明日

【みょうちょう、みんちょう】「みょうちょう」と読むと、明日の朝。「みんちょう」は、中国の明《みん》代のこと。活字体の「明朝体」は、明代の字体をもとにしているので、「みんちょうたい」と読む。なお「みょう」は呉音、「めい」は漢音、「みん」は唐音。

【みょうげつ、めいげつ】「みょうげつ」と読むと、来月のこと。「めいげつ」は、明るい月。

【あした、あす、みょうにち】いずれの読み方でも、翌日のこと。なお、明後日は「あさって」、「みょうごにち」、明明後日は「しあさって」と読む。

【こんみょうにち】今日と明日のことを重々しくいう言葉。

明太子

明け六つ

明日葉

松明

明神

灯明

【めんたいこ】 スケトウダラの子。スケトウダラの朝鮮名「明太《ミョンテ》」の卵だからと、「子」をつけた造語とみられる。

【あけむつ】 江戸時代までの時刻法で、朝、夜が明ける時間帯。一方、日が沈む時間帯は「暮れ六つ」。

【あしたば】 セリ科の多年草。今日、葉を摘んでも、明日には新しい葉が出るほど、生育が早いことが名の由来。八丈島に多く、料理に使う。

【たいまつ、まつあけ】「たいまつ」は、松の木などを割って束ね、火をつけて照明用に使うもの。「焚き松」が変化した語とみられる。一方、「まつあけ」は、正月、松飾りを取り払ったあとのこと。

【みょうじん】 神様の尊称。神仏習合による仏教的な神が多い。「明神様」など。

【とうみょう】 仏壇などにあげるロウソクの光。「お灯明を上げる」など。

「形」を正しく読み分けてください。

形相

曲がり形にも

への字形

人形

【ぎょうそう】顔つき。ポピュラーな熟語のなかで、「形」が上について「ぎょう」と読む熟語は、この語くらい。「鬼の形相」、「必死の形相」などと使う。なお、「形」を「けい」と読むのは漢音で、「ぎょう」は呉音。

【まがりなりにも】どうにかこうにか。「なり」は「形」の訓読みのひとつで、「身形」は「みなり」と読む。

【へのじなり】への字の形のように、曲がっていること。「への字形に暮らしていく」という成句は、「どうにかこうにか暮らしていく」という意味。

【にんぎょう、ひとがた】「にんぎょう」は、人の形をした玩具。「ひとがた」と読むと、形代《かたしろ》にするものを意味する。

御形

【ごぎょう、おぎょう】春に黄色い花を咲かせるハハコグサの別名。春の七草のひとつで「ゴギョウ」と呼ばれることが多いが、本来は「オギョウ」と読む。

多訓タイプの「直」を正しく読み分けてください。

直ちに
直と
直々
直参

【ただちに】すぐに。「直ちに実行に移す」、「直ちに帰還する」など。「直」は、訓読みの多い漢字なので、読み分けに注意。

【ひたと】ぴったり、直接に。「直と抱きつく」、「直と張りつく」など。

【じきじき】じかに、直接に。「社長直々に仰せつかる」など。

【じきさん】江戸時代、徳川将軍の家来である旗本や御家人《ごけにん》のこと。「直参旗本」など。他に、直談《じきだん》、直答《じきとう》、直納、直筆は「じき」と読む。

直談判
真っ直ぐ
直な文字

【じかだんぱん】 直接に談判すること。「直談判に及ぶ」など。他に、直《じか》火《び》、直取引も、「じか」と読む。

【まっすぐ】 直線的であるさま。「直ぐに」は、時をおかずにという意。

【すぐなもじ】 真っ直ぐな文字という意味で、平仮名の「し」のこと。「し」は草書体では、ほとんど曲げずに、一本の線のように書くことから。

「か」か「け」か、「家」を正しく読み分けてください。

家人
家主

【かじん、けにん】「かじん」と読むと、家族のうち、主人以外の者のこと。多くの場合、妻を意味し、「家人から話を聞く」など。一方、「けにん」は主人に仕える家来のことで、「御家人」など。なお、「か」と読むのは漢音で、「け」は呉音。

【やぬし】 家の持ち主。「いえぬし」とも読む。

家捜し

【やさがし】家の中を隅々までさがすこと。一方、次に引っ越す家をさがすことは、「家探し」と書くことが多く、こちらは「いえさがし」と読む。

商家

【しょうか】商売を営む家。×しょうけ。

社家

【しゃけ】神社を世襲する家。×しゃか。「社家《しゃけ》神道《しんとう》」は伊勢神道の別称。

「夜」を正しく読み分けてください。

夜業

【やぎょう】「夜」は、「や」が音読みで、「よ」と「よる」が訓読み。そのため、漢語っぽい熟語は「や」、大和言葉は「よ」と読んでおけば、誤読が減るはず。「夜業」は漢語タイプで、「やぎょう」と読む。夜間の仕事、夜なべ、という意味。

夜寒

【よさむ】こちらは大和言葉タイプで、「よさむ」と読む。夜の寒さのことで、「秋の夜寒」など。なお、「よかん」と読むのは「余寒」。

夜もすがら
昨夜
夜な夜な
夜夜中
夜席

【よもすがら】 夜通し。大和言葉なので「よ」と読む。なお、「終夜」と書いて、「よもすがら」とも読む。

【さくや、ゆうべ】 ともに、昨日の夜のこと。「ゆうべ」は「夕べ」とも書く。

【よなよな】 毎夜。**×よるなよるな。** 同じ意味の「夜毎」は「よごと」と読む。

【よるよなか】 真夜中のこと。同じ漢字を並べた強調語。対義語は、昼日《ひるひ》中《なか》。

【よるせき】 寄席で、夜に行う興行。**×よせき。** 一方、「昼席《ひるせき》」は、昼間に行われる寄席の興行。

「長」を正しく読み分けてください。

長閑

長刀

長門

長唄

長年変化

【のどか】 落ちついて、ゆったりした様子。あるいは、よく晴れて、天候が穏やかな様子。「長閑な田園風景」、「長閑な春の日」など。

【なぎなた】 長い柄の先に反り返った刀身がついた武器。日本では、武家の女子用の武道として発達した。「薙刀」とも書く。

【ながと】 旧国名で、今の山口県の西部と北部あたり。旧海軍連合艦隊の旗艦をつとめた戦艦の名でもある。

【ながうた】 江戸時代に発達した俗謡のひとつ。なお、「長歌」はまったく別のもので、「ちょうか」と読み、和歌で五七を何度も繰り返す歌のこと。

【ちょうねんへんか】 長期間にわたる変化。おもに、地球の自転や地磁気など、地学上の長期にわたる変化に関して使うことが多い。**×ながねんへんか。**

「玉」を正しく読み分けてください。

玉砂利

玉蜀黍

玉音

玉露

半玉

玉串

兵六玉

【たまじゃり】 神社の参道などに敷きつめられた大粒の砂利。「玉砂利を踏んで、参道を進む」など。

【とうもろこし】 野菜のトウモロコシは、漢字ではこう書く。

【ぎょくおん】 天皇の声。「玉音放送」など。

【ぎょくろ】 最高級の煎茶。「玉のような露」という意味。

【はんぎょく】 まだ一人前ではない芸者。

【たまぐし】 神前に供える榊《さかき》の枝。「玉串奉奠《ほうてん》」など。

【ひょうろくだま】 間抜けな者を嘲っていう言葉。「表六玉」とも書く。

入玉

貯玉

【にゅうぎょく】将棋で、王将が敵陣に入り込むこと。「名人戦第5局は、互いに入玉し、持《じ》将棋となった」など。

【ちょだま】辞書には載っていなくても、パチンコを楽しむ人には、常識的な言葉。パチンコの玉を景品に交換しないで、店に預けておくこと。

「石」を正しく読み分けてください。

流石

石高

【さすが】何といっても、やはりという意味の副詞。当て字でこう書く。「流石の腕前」、「流石の横綱も年には勝てない」などと使う。

【こくだか】禄高のこと。「石《こく》」は容積の単位で、約１８０リットル。なお、「石」を「こく」と読むのは慣用読みで、「せき」が漢音、「じゃく」は呉音。

磐石
石榴
石見
石段石

【ばんじゃく】「石」は熟語の下につくと、おおむね「せき」と読むが、この磐石の他、磁石、温石《おんじゃく》など、「しゃく」「じゃく」と読む言葉が少数あるので注意。「磐石」はもとは大岩のことで、そこから極めて堅固なこと。「磐石の重み」、「磐石の構え」などと使う。

【ざくろ】樹木の名。「石榴石」はガーネットのこと。他に、植物名では、石蕗は「つわぶき」、石楠花は「しゃくなげ」と読む。石首魚は魚の名で「いしもち」。

【いわみ】現在の島根県西部にあたる旧国名。「世界遺産の石見銀山」など。

【いしだんいし】石段に使われている石。とくに、茶室の庇の下に置いた石を指す。

「心」を正しく読み分けてください。

心中

心算

心地

心根

心柱

帯心

物心

【しんちゅう、しんじゅう】「しんちゅう」と読むと、心のなかのことで、「心中、穏やかではない」など。一方、「しんじゅう」と濁って読むと、親子や男女がともに自殺すること。『曾根崎心中』、「心中未遂」など。

【しんさん】思い、計画、心づもり。「心算を練る」などと使う。「つもり」と読むこともあり、「生まれ変わった心算で、がんばります」など。

【ここち】気持ち、心の状態。「居心地が悪い」、「人心地つく」など。

【こころね】本性、心の底。「心根はやさしい人」など。

【しんばしら】五重塔などの中心に立てる柱。重箱読みにする。「真柱」とも書く。

【おびしん】帯の形を保つために入れる芯。おおむね、厚い綿布を入れる。

【ものごころ、ぶっしん】「ものごころ」は、世の中を理解する心のことで、「物心がつく」など。一方、「ぶっしん」は物質と精神。具体的には「資金面でも気持ちの上でも」という意味で、「物心両面にわたって応援する」などと使う。

多訓の「細」を読み分けてください。

細石

細雪

細やか

きめ細か

細切れ

細結び

【さざれいし】小石のこと。君が代に「細石の巌《いわお》となりて」と登場する語。

【ささめゆき】細かに降る雪。谷崎潤一郎の小説の題名でもある。「さざめゆき」と濁って読まないように。

【ささやか、こまやか、ほそやか】これは、文意によって読み分けるしかない。「ささやか」は、控えめで小さなさまで、「細やかな贈り物」「細やかな願い」など。「こまやか」は、行き渡っているさまで、「細やかな気配り」など。また「ほそやか」とも読む。

【きめこまか】「細か」は「こまか」と読む。**×きめこまやか。**

【こまぎれ】細かい切れ端。「豚肉の細切れ」など。「小間切れ」とも書く。

【こまむすび】本結びのこと。「小間結び」とも書く。

細しい

【くわしい】 委細、子細などと使われるように、「細」には「くわしい」という意味もある。「細い」は「ほそい」だが、「細しい」は「くわしい」と読む。今は「詳しい」と書くのが一般的ではあるが。

「太」を正しく読み分けてください。

太々しい

【ふてぶてしい】 憎らしいほど、図太いさま。「太々しい態度」などと使うが、今は「ふてぶてしい」と平仮名で書くのが一般的。なお、中国語の「太」に大きい、長いという意味はあるが、「ふとい」という意味はない。「ふとい」は日本で生まれた意味であり、こういう意味・読みを「国《こっ》訓《くん》」と呼ぶ。

太物店

【ふとものだな】 「太物」は綿織物や麻織物のことで、「絹織物」（俗に「やわらか物」と呼ばれる）に対して使う言葉。「太物店」は、そうした太物を扱う店のこと。

太占

【ふとまに】古代に行われた占いの一種。鹿の骨を焼き、その割れ目の形で、吉凶を占った。

根太

【ねだ、ねぶと】「ねだ」と読むと、床板を支えるため、床の下に渡す横木。「根太がゆるむ」など。一方、「ねぶと」と読むと、腫れ物のこと。

「きょう」か「けい」かなど、「京」を正しく読み分けてください。

京師

【けいし】本来は、首都、みやこのことで、そこから京都を表す。なお、「京」を「きょう」と読むのは呉音で、「けい」は漢音。

京葉

【けいよう】東京と千葉のこと。「京葉道路」は、東京と千葉を結ぶ道路。なお、「京浜《けいひん》」は東京と横浜、「京阪」は京都と大阪、「京阪神」は京都・大阪・神戸の三都を指す。

南京

【なんきん】中国の都市名。中国・東南アジアから渡来したものという意味でも使われ、かぼちゃを意味することも。他に、南京錠、南京豆、南京虫などと使う語。

京劇

【きょうげき】中国の古典劇。この「京」は北京《ペキン》のことで、「北京の演劇」という意味。

京鹿子

【きょうがのこ】この京は京都のことで、京都で染めた鹿子絞りのこと。お菓子や植物名でもある。

「点」を正しく読み分けてください。

御点前

【おてまえ】茶の湯の作法。「お点前の稽古に通う」など。なお、「御手前《おてまえ》」と書くと、剣道など、茶の湯以外の芸事・技術に使うことができる。また、単に「手前」というと、自分に近いほう、あるいは体裁のこと。「手前味噌」、「世間の手前」など。

点々

点袋

点す

【てんてん、ぼちぼち、ちょぼちょぼ】普通は「てんてん」と読み、点を打ったように、ものが散らばるさま。「足跡が点々と続いている」など。「ぼちぼち」、「ちょぼちょぼ」と読むこともある。

【ぽちぶくろ】お年玉や祝儀を入れる小さな熨斗《のし》袋。関西では、祝儀や心付けのことを「点《ぽち》」ということもある。

【ともす】明かりをつける。「火を点す」など。「点火」、「点灯」の点は、この意味。

「ず」か「と」かなど、「図」を読み分けてください。

雄図

愚図

【ゆうと】雄大な計画。他に、意図、企図、壮図、版図などは「と」と読む。なお、「と」と読むのが漢音で、「ず」と読むのが呉音。

【ぐず】のろまなこと。ぐずぐずしていること。「愚図」と書くのは当て字。

図画
図書頭
図らずも
図々しい

【ずが、とが】どちらの読み方をしても、図と絵のこと。一般的には「ずが」と読むが、法律用語としては「とが」と読む。

【ずしょのかみ】図書寮《ずしょりょう》の長官。図書寮は、律令制で、図書の保管、書写などを担当した役所。

【はからずも】意外にも、思いがけなく。「図らずも意見が一致する」。

【ずうずうしい】遠慮や慎みのない、自分中心な行動、態度を形容する言葉。「図々しい奴」、「人の家に図々しく上がり込む」などと使う。

「刀」を正しく読み分けてください。

押っ取り刀

【おっとりがたな】「押っ取り刀で駆けつける」は、大急ぎで駆けつけるさま。刀を腰にさす間もなく、手に持ったまま走るという意味。〝おっとり〟しているわけではない。

受太刀

【うけだち】「受太刀になる」は、守勢に回るという意味。他に、小太刀、助太刀、初太刀《しよだち》などは、「だち」と濁って読む。

血刀

【ちがたな】血のついている刀。「血刀を振るう」など。

懐刀

【ふところがたな】懐にしのばせた小さな刀。比喩的に、腹心の部下を意味する。「彼はまだ若いけれど、社長の懐刀ですよ」など。

刀自

【とじ】おもに、年配の女性を敬意を込めて呼ぶ言葉。たとえば、大家《たいか》の女主人に対して使うとぴったりくる。

多訓の「強」を正しく読み分けてください。

(情が)強い

【こわい】「強い」は「つよい」だけでなく、「こわい」(激しいという意)とも読む。「情が強い」は、頑固なまでに一途なさま。

手強い

強飯

強ち

強いる

強か

【てごわい】 これも「こわい」と読み、容易には勝てないほどに、強いさま。「手強い相手」など。

【こわめし】 もち米を蒸したもの。また、赤飯のこと。

【あながち】 必ずしも。「強ち間違いではない」などと使う。

【しいる】 無理にさせる。「強いて」は無理に、あえて、という意味。

【したたか】 しぶとく手ごわいさま。「強かな人物」など。また、「ひどく」という意味もあり、「向こう脛《ずね》を強かに打ちつける」のように使う。

「たい」か「てい」か、「体」を読み分けてください。

有体

【ありてい】 あるがままという意で、「有体に言うと」などと使う。なお、「体」は、「たい」が呉音で、「てい」が漢音。

実体

【じってい、じったい】「実体な」と「な」がつくと、「じってい（な）」と読み、正直でまじめという意味。一方、「じったい」と読むと、物の実質、本質という意味になり、「実体がない」などと用いる。

体裁

【ていさい】外に現れた様子のことで、「体裁が悪い」などと使う。「体」が上について、漢音の「てい」と読む頻出の熟語はこれくらい。

体よく

【ていよく】見かけはよいように。「体よく断る」など。

体をかわす

【たい】向きを変えて、よけること。相撲の「死に体」など、体勢や姿勢に関する語は、「たい」と読む。×てい。

「見」を正しく読み分けてください。

見物

【けんぶつ、みもの】「けんぶつ」と読むと、好奇心をそそるものを見ること。「芝居見物に出かける」、「高みの見物」など。一方、「みもの」と読むと、見るに価するという意味で、「それは見物ですね」などと使う。

見料

【けんりょう】手相や人相を占い師に見てもらう代金のこと。「見料はいかほどですか」など。

見紛う

【みまがう、みまごう】見誤る、見違えること。「天女と見紛うばかりの美しさ」などと使う。

姿見

【すがたみ】全身を映せるような大きな鏡。他にも、大和言葉には、言葉の後ろにつく「見」を「み」と読む語が数多くある。雪見、夢見、日和見、脇見、横見、下見、立ち見、花見、物見などは、すべて「み」と読む。

「紙」を正しく読み分けてください。

紙縒

【こより】「かみより」が音便化した語で、細い紙を縒《よ》ったもの。「紙捻」や「紙撚」と書くこともある。

紙魚

【しみ】書物や衣服を食う虫。「大事な着物を紙魚に食われる」など。「しぎょ」とも読むが、一般的ではない。

紙婚式

【かみこんしき】結婚1年目を祝う式。

奉書紙

【ほうしょがみ】きめの美しい高級和紙。×ほうしょし。

厚紙

【あつがみ】分厚い紙のこと。他に、薄紙、銀紙、千代紙、張り紙などは、「かみ（がみ）」と読む。

「野」を正しく読み分けてください。

野分

【のわき】秋から初冬にかけて吹く強い風。「野の草を分ける」ような強風という意味。「のわけ」とも読む。

野火

【のび】野焼きの火。他に、野辺《のべ》、野武士、野放図、野山、野良犬などは、訓読みで「の」と読む。

野遊山

【のゆさん】 野山に出て遊ぶこと。具体的には、花見や紅葉狩りなどを楽しむこと。

野馬追

【のまおい】 福島県相馬地方の伝統行事、相馬の馬追いのこと。**×のうまおい。**

野合戦

【のがっせん】 野原でする合戦。**×やがっせん。**

「遠」と「近」を正しく読み分けてください。

遠国

【おんごく】 遠く離れた国。律令制では、京都から遠く離れた関東や九州、四国などを指した。「遠国奉行」など。

遠縁

【とおえん】 血のつながりが薄い親戚。「遠縁の娘を預かる」など。

遠眼鏡

【とおめがね】 望遠鏡のこと。なお、「遠目」は、遠くから見ること。

遠浅

【とおあさ】岸から遠いところまで、水が浅い状態であること。「遠浅の海が続いている」など。

近江

【おうみ】今の滋賀県の旧国名。「近江商人」、「近江八景」など。

近衛

【このえ】五摂家のひとつ。「近衛府」、「近衛師団」など、律令制以来の数々の官職名にも使われてきた言葉。

「分」を正しく読み分けてください。

分に過ぎる

【ぶんにすぎる】成句に登場する「分」は、「ぶ」と「ぶん」の読み分けが難しい。「分をわきまえる」や「分を守る」は「ぶん」。「分がある」や「分が悪い」は「ぶ」と読む。

分限者

【ぶげんしゃ】財産をたくさん持つ人。なお、「分限裁判」（裁判官の免官、懲戒に関する裁判）は「ぶんげん」と読む。

分秒

【ふんびょう】ひじょうに短い時間。「分秒を争う事態」は、「一刻を争う事態」と同じ意味。

分銅

【ふんどう】重さをはかる道具。

「公」を正しく読み分けてください。

公卿

【くぎょう】三位《さんみ》以上の上級の公家の総称。「くげ」と読まないように。「くげ」と読むのは「公家」で、こちらは下級の公家を含め、朝廷に仕える貴族を総称する言葉。なお、「公」を「く」と読むのは呉音で、「こう」が漢音。

公方

【くぼう】もとは、おおやけという意味で、後に将軍のこと。「公方様」、「犬公方」など。

公事

【くじ】裁判のこと。「公事方御定書」など。もとは、朝廷の政務や儀式を意味した言葉。

コラム

一通り以上の読み方がある小1・2漢字の熟語です。読みこなしてください。

一分【いちぶん】面目。「武士の一分が立たない」。
【いちぶ】少しの。あるいは、江戸時代の貨幣で、一両の4分の1。
【いっぷん】時間の長さ。1時間の60分の1。

一番【いちばん】最初。トップ。「一番乗り」、「一番手」。
【ひとつがい】オスとメスの一組。「一番の十姉妹」。

一角【いっかく】ひとつのすみ。「氷山の一角」、「トップ集団の一角に位置する」。
【ひとかど】ひときわすぐれていること。「一角の人物」。

一見【いっけん】ちょっと見る。ひととおり見る。「一見に価する」。
【いちげん】その店に初めて来た客。「一見の客」、「一見さん」。

上手【うわて】人よりすぐれていること。相撲で相手の差し手の上から、まわしをとること。「相手が一枚上手」、「上手投げで仕留める」。

【かみて】舞台の向かって右側。「舞台の上手から登場する」。

【じょうず】うまいさま。うまい人。「上手の手から水が漏れる」。

上物【じょうもの】上級の品。「これは、上物ですね」。

【うわもの】釣り用語で、海面近くにいる魚。対義語は「底物《そこもの》」。

下手【したて】人にへりくだって接すること。「下手に出る」。

【しもて】舞台の向かって左側。「舞台の下手からはける」。

【へた】うまくないこと。「下手の横好き」、「下手の考え休みに似たり」。

下野【げや】政権を下り、野党になること。「総選挙に大敗し、下野する」。

【しもつけ】今の栃木県にあたる旧国名。『下野新聞』。

大事【おおごと】大きな事件。「大事になる」、「それは大事ですね」。

【だいじ】大切にすること。「大事にする」、「お大事に」。

大勢

【おおぜい】多くの人々。「大勢の客」。

【たいせい】全体的な形勢。「大勢決する」。

大手

【おおて】経営規模が大きいこと。「大手企業」、「業界大手」。

【おおで】肩から手の先まで。「大手を振って歩く」。

大業

【おおわざ】大きなわざ。「大業をかける」。「大技」とも書く。

【たいぎょう】大きな仕事。「畢生《ひっせい》の大業を成し遂げる」。

大家

【おおや】貸家の持ち主、あるいは管理人。「大家といえば親も同然」。

【たいか】その道の一人者。「書道の大家」。

【たいけ】裕福かつ地位も高い家。「大家の出身」、「大家の出《で》」。

大人

【たいじん】徳の高い立派な人物。「大人の風格がある」。

【おとな】成人。「大人げない」、「大人買い」。

中間

【ちゅうかん】道のりなどの中ほど。「中間地点」、「左中間」。

【ちゅうげん】武家の使用人。「中間小物」。

中日【ちゅうにち】彼岸の期間の真ん中の日。「彼岸の中日」。
【なかび】芝居や相撲で、興行期間の真ん中の日。「全勝で中日を迎える」。

市場【いちば】商品を売り買いする場所。「魚市場」、「公設市場」。
【しじょう】経済学では、需要と供給を一致させる場。「証券市場」。

内面【うちづら】家族など、身内への態度。「内面が悪い」。
【ないめん】ものの内側、心の内側。「内面描写にすぐれている」。

金星【きんせい】太陽系の惑星のひとつ。「金星が輝きはじめる」。
【きんぼし】相撲で平幕力士が横綱を破って上げる勝ち星。「金星を上げる」。

現場【げんば】現に作業をしている場。「建築現場」、「工事現場」。
【げんじょう】物事が行われた場所。「現場不在証明」はアリバイのこと。

細目【さいもく】細かい項目。「契約条件の細目を詰める」。
【ほそめ】細く開いた目。少しだけ。「襖《ふすま》を細目に開ける」。

自重【じちょう】行動を慎むこと。「自重する」、「自重を求める」。

【じじゅう】それ自体の重さ。「自重に耐えかねる」。

身上【しんじょう】その人の事情や長所。「一身上の都合」、「真面目が身上」。

【しんしょう】財産。「身上を築く」。

色紙【しきし】サインを書くときなどに使う厚手の紙。「色紙に認《したた》める」。

【いろがみ】折り紙などに使うカラフルな紙。「色紙で鶴を折る」。

先手【せんて】相手よりも先に動くこと。「先手を取る」、「先手必勝」。

【さきて】戦いの先頭に立つ者。先陣。「先手を務める」、「先手組」。

月次【げつじ】月ごとの。「月次の収支」。

【つきなみ】どこにでもあるさま。「月並」とも書く。「月次な俳句」。

大山【たいざん】大きな山という意味の普通名詞。

【だいせん】中国地方の最高峰の山の名。

生物【なまもの】生のままの食べ物。「生物を冷蔵庫に入れる」。
【せいぶつ】生き物。「生物学」、「生物図鑑」。

人気【にんき】世間での好評判。「人気に恵まれる」、「人気を集める」。
【ひとけ】人のいる気配。「人気のない通り」、「人気のない家」。

人間【にんげん】人のこと。「人間関係」、「人間性」。
【じんかん】人と人の間、つまりは世間のこと。

分別【ふんべつ】常識的に判断する知恵。「分別がある」、「分別盛り」。
【ぶんべつ】分類、区別すること。「分別ゴミ」、「分別収集」。

〔参考文献〕

『日本国語大辞典』／『日本語源大辞典』／『故事俗信ことわざ大辞典』／『大辞泉』（以上、小学館）／
『大辞林』／『三省堂国語辞典』／『新明解国語辞典』（以上、三省堂）／
『広辞苑』（岩波書店）／『明鏡国語辞典』（大修館書店）／『成語林』（旺文社）／
『ことばのハンドブック』（NHK出版）／『毎日新聞用語集』（毎日新聞社）／
『記者ハンドブック』（共同通信社）／『最新用字用語ブック』（時事通信社）ほか

〈著者プロフィール〉

構 俊一（かまえ・しゅんいち）

1956年、神戸市生まれ。

東京大学卒業。新聞社、出版社勤務を経て独立。

長年、出版プロダクションを率い、約1000冊の書籍を執筆・編集する。

『できる大人のモノの言い方』（青春出版社）、『読めないと恥ずかしい漢字1000』（河出書房新社）、『今さら意味を聞けない日本語1000』（幻冬舎）など、執筆・編集した〝ことば本〟、〝漢字本〟が次々とベストセラーになる。趣味は、落語、阪神タイガースに、散歩。

小学1・2年生で習うのに
大人も読めない漢字

2020年7月10日　第1刷発行

著　者　構 俊一
発行人　見城 徹
編集人　福島広司
編集者　鈴木恵美

GENTOSHA

発行所　株式会社 幻冬舎
〒151-0051　東京都渋谷区千駄ヶ谷4-9-7
電話　03（5411）6211（編集）
03（5411）6222（営業）
振替　00120-8-767643
印刷・製本所　株式会社 光邦

検印廃止

ISBN978-4-344-03639-0　C0095
幻冬舎ホームページアドレス　https://www.gentosha.co.jp/

この本に関するご意見・ご感想をメールでお寄せいただく場合は、
comment@gentosha.co.jpまで。